ADAC Reiseführer

Südafrika

von Albrecht Hagemann

Intro

Unterwegs

Karten und Pläne

☐ Service

Leserforum

Die Meinung unserer Leserinnen und Leser ist wichtig, daher freuen wir uns von Ihnen zu hören. Wenn Ihnen dieser Reiseführer gefällt, wenn Sie Hinweise zu den Inhalten haben – Ergänzungs- und Verbesserungsvorschläge, Tipps und Korrekturen – dann kontaktieren Sie uns bitte:

Redaktion ADAC Reiseführer
ADAC Verlag GmbH
Am Westpark 8, 81365 München
Tel. 089/76 76 41 59
reisefuehrer@adac.de
www.adac.de/reisefuehrer

Südafrika Impressionen

Unvergleichliche Vielfalt an Landschaften und Völkern am schönsten Ende der Welt

Landeanflug auf **Johannesburgs** International Airport am frühen Morgen: Von Norden langsam hereinschwebend, überquert die Maschine die braunen, welligen Ebenen des *Highveld* im ehem. Transvaal. Hier und da durchschneiden dort unten schnurgerade Straßen das Land und verschmelzen mit dem sonnigen Horizont. Und schließlich tauchen auch die Wolkenkratzer von Downtown *Jo'burg* auf, der City von *eGoli*, wie die Schwarzen die Stadt wegen ihres Goldes nennen. Hier schlägt noch immer das wirtschaftliche und das finanzielle Herz Südafrikas.

Ein ganz anderes Bild bietet sich beim Anflug auf **Kapstadt**. Das wuchtige Massiv des Tafelbergs erhebt sich majestätisch zwischen der weiten *False Bay* und dem offenen Atlantik.

Aus der Vogelperspektive klar erkennbar sind die staubigen Ebenen der *Cape Flats* und die eleganten Villenviertel der Kapmetropole, die sich an die blau schimmernden Berghänge schmiegen. Hochhäuser nahe den Docks markieren die City von Südafrikas ›Mutterstadt‹, von der aus die Eroberung und Besiedlung des Landes durch die Europäer ihren Anfang nahm.

Zwischen Weinreben, Wüstensand und subtropischer Üppigkeit

Johannesburg und Kapstadt – zwei Pole eines weiten Landes, so groß wie ganz Mitteleuropa, geprägt von höchst unterschiedlichen Landschaften, von denen jede für sich ihren unvergleichlichen Reiz besitzt, geprägt aber auch von einer bunten Völkervielfalt, die Südafrika die Bezeichnung *Regenbogennation* eingetragen hat.

Das **West-Kap** lockt mit herrlichen *Stränden*, grandiosen *Bergszenerien* und

Oben: *Bunte Kulturszene – Zulutänzer am Market Theatre Complex in Johannesburg*
Rechts: *Panorama pur – Sonnenbad am Bloubergstrand mit dem Tafelberg als Kulisse*
Rechts oben: *Blütenzauber – Namaqualand im prachtvollen Frühlingskleid*

berühmten *Weinanbaugebieten*, weiter östlich erstreckt sich die ›südafrikanische Riviera‹ mit der *Garden Route* entlang dem Atlantischen Ozean. Hier wechseln sich kilometerlange Sandstrände mit felsigen Küstenregionen ab, und im Hinterland befinden sich die letzten Reste uralter *Waldbestände*. Dies ist die südlichste Region Afrikas, in der Elefanten beheimatet sind.

Im **Nord-Kap** dehnen sich weite, trockene Ebenen aus, die im Frühjahr von *Blumenteppichen* bedeckt sind. Es sind dies einsame Gegenden, in die sich nicht allzu viele Touristen verirren. Rotfarbene *Sanddünen* an der Grenze zu Botswana

geben einen guten Vorgeschmack von den unermesslichen Weiten der *Kalahari-Wüste*, des Refugiums der letzten *Buschmänner*.

Im **Ost-Kap** gibt es noch unverfälschte *afrikanische Kultur* in urwüchsiger Landschaft zu entdecken. Auf geschotterten Pisten gelangt man zu malerischen Flussmündungen, an deren sandigen Ufern Angehörige des Xhosa-Volkes auch heute noch auf traditionelle Weise dem Fischfang nachgehen.

Die Provinz **KwaZulu-Natal**, die sich weiter nördlich anschließt, wartet mit wahren *Surferparadiesen* am Indischen Ozean und außerdem mit einigen der abwechslungsreichsten der insgesamt 18 *Nationalparks* des Landes auf. Hier erheben sich auch die Riesen der über 3000 m ansteigenden *Drakensberge*, die im Winter nicht selten unter einer Schneedecke stecken. Tiefe Schluchten, feucht-heißes Klima und tropische Vegetation erwarten den Besucher im östlich gelegenen **Mpumalanga**. Der äußerste **Norden** des Landes wiederum ist knochentrocken und fasziniert durch postkartenschöne Sonnenuntergänge und kristallklare Sternennächte. Einer der Höhepunkte jeder Südafrika-Reise ist zweifellos der be-

Oben: *Wellenreiten wie im Paradies – der Indische Ozean ist ein Dorado für Surfer*
Ganz oben: *Rebensaft und Bergidylle – Weingut Boschendal Estate bei Franschhoek*
Rechts: *Vergnügungsviertel total – Kapstadts Victoria & Alfred Waterfront*

rühmte *Kruger National Park* im Nordosten. Die ›Big Five‹ – Löwe, Nashorn, Leopard, Elefant und Kaffernbüffel – sowie das Erlebnis echt afrikanischer Wildnis sind unvergessliche Attraktionen.

Auf den ersten Blick unspektakulär, für den Besucher aus dem zersiedelten Mitteleuropa jedoch immer wieder beeindruckend, sind die fast menschenleeren Gebiete im **Landesinneren**. Ob im Freistaat, im Nord-Kap oder in der Limpopo-Provinz: Die Autofahrt auf Straßen, die sich am Horizont zu verlieren scheinen, vermittelt ein überwältigendes Gefühl von *Freiheit*. In der Ferne ist allenfalls da und dort eine Bergkette auszumachen, den Straßenrand säumen nur Farmzäune und klapprige Windräder, die das kostbare Wasser aus der Tiefe der Erde holen.

Kulturgenuss aus 101 verschiedenen Wurzeln

Besonders die großen Städte warten mit einem vielfältigen kulturellen Leben auf, das aus dem einzigartigen Nebeneinander unterschiedlichster Ethnien in diesem Land entsteht. Während sich in Johannesburg Musik und Kunst der Schwarzen studieren lassen, bietet Kapstadt nicht zuletzt die Kultur der Kapma-

laien und der Farbigen, fasziniert in Durban diejenige der Inder.

Der begnadete Jazztrompeter *Hugh Masekela*, der sein Instrument einst von dem berühmten Louis Armstrong geschenkt bekam, der unvergessene langjährige Sirektor des Stuttgarter Balletts *John Cranko* und der Dramatiker *Athol Fugard* mit seinen apartheidkritischen Theaterstücken – sie und viele andere mehr repräsentieren das beachtliche kulturelle Niveau am Südzipfel Afrikas.

Ein Reiseland im Aufwind

Nach der Freilassung *Nelson Mandelas* im Jahre 1990 und dem anschließenden Ende der rassistischen Apartheidpolitik ist Südafrika zu einem der **Top-Reiseziele** der Welt geworden. Eine durchwegs gute Infrastruktur ermöglicht komfortables Reisen selbst in den fernen Busch. Zwar ist das öffentliche *Verkehrssystem* durchaus verbesserungsbedürftig – die Vergabe der Fußball Weltmeisterschaft an Südafrika 2010 wird hier einiges bewegen –, doch sollte man nicht vergessen, dass das Land immerhin in Afrika liegt, auch wenn man das beim *Sundowner* mit Chopin-Musik im Kapstädter Mount Nelson Hotel leicht vergessen könnte.

Südafrikas Tourismusindustrie boomt trotz hoher Kriminalität in den Großstädten. Das gute bis sehr gute Angebot an Hotels und Restaurants kann sich sehen lassen. Die Palette reicht vom Luxushotel über die Wild Life Logde in Wildreserva-

ten und dem Rest Camp im National Park bis hin zum rustikalen Bed & Breakfast und dem Guest House. Auch Campen ist in Caravanparks möglich.

Der Reiseführer

Dieser Band stellt Südafrika in *neun Kapiteln* vor. Die Einteilung ergibt sich aus den neun Provinzen des Landes. Dem Kapitel Mpumalanga wurde ein Punkt über das *Königreich Swaziland*, dem Kapitel Freistaat das *Königreich Lesotho* hinzugefügt.

Auf besondere Höhepunkte bei Sehenswürdigkeiten, Hotels, Restaurants, Nationalparks, Stränden, Botanikwundern und Wanderungen etc. verweisen die **Top Tipps**. Den Besichtigungspunkten sind jeweils die **Praktischen Hinweise** mit Tourismusbüros, Hotels und Restaurants angegliedert. **Übersichtskarten** und **Stadtpläne** erleichtern die Orientierung. Auf den letzten Seiten informiert **Südafrika aktuell A bis Z** über Anreise, Essen und Trinken, Einkaufen, Festivals, Unterkunft und Verkehrsmittel. Hinzu kommt ein praktischer **Sprachführer**. Ein **Kaleidoskop** interessanter Kurzessays zu speziellen Südafrikathemen rundet den Reiseführer ab.

Links: *Festivalzeit – Jazzkonzert an der Victoria & Alfred Waterfront in Kapstadt*
Links unten: *Landschaft wie im Bilderbuch – die Drakensberge in KwaZulu-Natal*
Oben: *Spaß und Erholung – Plettenberg Bay mit Beacon Island Southern Sun Hotel*
Unten: *Wildlife echt hautnah – Löwinnen im Kruger National Park*

Geschichte, Kunst, Kultur im Überblick

Jagdgründe der Khoisan, Siedlerträume, die Schrecken der Apartheid und das Wunder der Demokratie

ab ca. 40 000 v. Chr. Vorfahren der San (›Buschmänner‹) und der Khoikhoi (›Hottentotten‹) leben im südlichen Afrika. Wegen ihrer vielfältigen Verflechtungen in grauer Vorzeit hat sich heute für beide der Name Khoisan durchgesetzt. Felsbilder, die z. T. weit über 20 000 Jahre alt sind, bezeugen die enormen künstlerischen Fähigkeiten insbesondere der San.

um 950–1050 n. Chr. Auf dem Hügel von Mapungubwe am nördlichen Grenzfluss Limpopo blüht eine eisenzeitliche Siedlung. Von ihrem Reichtum zeugen vergoldete Figuren, die 1932 dort gefunden werden und heute im Tresor der Universität Tshwane/Pretoria liegen. Vermutlich wegen einer Dürreperiode verwaist Mapungubwe ab 1050.

11./12. Jh. Gruppen, die zur Nguni-Sprachfamilie gehören, wandern in das südliche Afrika ein.

13. Jh. Östlich von Mapungubwe, im heutigen nördlichen Kruger National Park nahe der Grenze zu Mosambik, wird auf einem Felssporn die Palastanlage von Thulamela erbaut. Die ›Herren von Thulamela‹ unterhalten Handelsbeziehungen mit Arabien und China, der letzte Häuptling stirbt um 1700.

1488 Der portugiesische Seefahrer Bartolomeu Dias umrundet das Kap der Guten Hoffnung.

1652 Jan van Riebeeck gründet am 6. April im Auftrag der niederländischen Ostindien-Kompanie eine Niederlassung in der Tafelbucht, das spätere Kapstadt. Der Stützpunkt soll die Besatzung jener Schiffe, die auf dem Seeweg nach Indien sind, mit Frischwasser und Proviant versorgen.

ab Ende 17. Jh. Zuwanderung vor allem holländischer Siedler am Kap. Die landwirtschaftliche Produktion übersteigt allmählich das für die Selbstversorgung Erforderliche. Sog. Freibürger, die aber noch der Kontrolle der Kompanie unterstehen, bedienen sich zunehmend der Arbeit von Sklaven.

1688 Auf der Flucht vor der Verfolgung in ihrem Heimatland kommen französische Hugenotten ans Kap.

1717 Aus Ostindien (Java) werden Sklaven in größerer Zahl ans Kap gebracht.

ab ca. 1750 Weiße Siedler, deren Gesamtzahl zu dieser Zeit kaum 1000 übersteigt, drängen allmählich ins Landesinnere vor und stoßen dabei auf Khoisan sowie – im Osten – auf Xhosa.

1779–1850 Zwischen Xhosa und Buren/Afrikaanern (wie die Nachfahren der holländischen Freibürger später genannt werden) kommt es im Ost-Kap zu kriegerischen Auseinandersetzungen.

1795 Die Briten besetzen erstmals das Kapland, 1806 übernehmen sie Kapstadt von den Holländern, 1814 fällt die Kapkolonie endgültig an Großbritannien.

1815–1840 In der ›Difaqane‹ (Sotho-Wort für Vertreibung), einer Periode von Chaos und kriegerischer Unruhe, kommt es zu einer Neugliederung der Lebensräume schwarzer Stämme. Die Zuluarmeen unter den Königen Dingiswayo, Shaka und Dingane erobern mit ihren ›impis‹ (Soldatenregimentern) zahlreiche Territorien.

1820 Rund 5000 britische Einwanderer besiedeln das östliche Kapland, und Grahamstown entwickelt sich neben Kapstadt zu einer Metropole der Kapkolonie. Mehrere Grenzkriege der

Eine blühende Siedlung mit regem Hafen: Kapstadt mit Tafelbergkulisse um 1780

Verkörperung burischer Weltanschauung: Präsident Paul Krüger um 1900 ▷

Briten und Buren gegen die Xhosa ziehen sich bis in das späte 19. Jh. hin.

1833 London verbietet die Sklaverei, was zum Unmut der Buren in der Kapkolonie führt.

1835–38 Der schubweise stattfindende Große Trek der Buren (›Voortrekker‹) weg vom Kap nach Norden ist vor allem Ausdruck ihrer Unzufriedenheit mit der britischen Regierung am Kap. Die Burenrepublik Natal wird gegründet.

1838 Eine Handvoll Buren besiegt eine Zulustreitmacht am Blood River. Damit beginnt eine Mythisierung der selbst zugewiesenen Rolle der Buren als Vorkämpfer der Zivilisation in Südafrika.

1845–75 Unter Sir Theophilus Shepstone wird in Natal eine Politik der Rassentrennung eingeführt.

1856 Natal wird zu einer britischen Kolonie mit begrenzter Selbstverwaltung.

1860 Indische Arbeitskräfte werden in großer Zahl für die Zuckerrohrplantagen Natals importiert.

ab 1867 Im Landesinneren werden die ersten Diamantenfelder ausgebeutet. In der Folge schlägt die Stunde der mächtigen ›Randlords‹, jener Minenbesitzer und Bankiers, die eng mit der britischen Regierung gegen die von den Voortrekkern gegründeten Burenrepubliken Oranje-Freistaat und Transvaal zusammenarbeiten.

1882–1900 Präsident Paul (Ohm) Krüger regiert Transvaal.

1886 Am Fuße der Witwatersrandberge, nahe dem im selben Jahr gegründeten Johannesburg, werden große Goldvorkommen entdeckt.

1893 Der junge indische Anwalt Mohendas K. Gandhi trifft in Südafrika ein.

1899–1902 Der Anglo-Buren-Krieg beginnt offiziell wegen der Benachteiligung der britischen Einwohner in den Burenrepubliken. Den eigentlichen Hintergrund bilden jedoch die Gold- und Diamantvorkommen auf burischen Gebieten. Der Krieg endet mit der Niederlage der Buren. Der Tod Tausender afrikaanser Frauen und Kinder in britischen Konzentrationslagern während des Krieges begründet einen tief sitzenden Hass auf die Briten, der wiederum den Aufstieg eines giftigen afrikaansen Nationalismus im 20. Jh. begünstigt.

1906 Gandhi führt die erste Aktion gewaltlosen Widerstands gegen die rassendiskriminierenden Passgesetze an.

1910 Gründung der Südafrikanischen Union. Das Wahlrecht bleibt mit Ausnahme der Kap-Provinz auf Weiße beschränkt.

1912 Der South African Native National Congress wird gegründet. 1923 benennt er sich mit neuer Satzung in African National Congress (ANC) um.

1913 Das Gesetz ›Natives Land Act‹ beschränkt den Grundbesitz von Schwarzen auf 7,5 % der Bodenfläche.

1918 Am 18. Juli wird Nelson Rolihlahla Mandela bei Umtata geboren.

1932 Geburt von Athol Fugard, dem erfolgreichsten südafrikanischen Bühnenautor (›Die Insel‹, 1974). In seinen Stücken thematisiert Fugard die Auswirkungen der Apartheidpolitik.

1939 Geburt von Breyten Breytenbach, dem Schriftsteller und unerbittlichen Kritiker der Apartheid.

1939–45 Südafrika kämpft als Mitglied des Britischen Empire im Zweiten Weltkrieg.

1945 Geburt von Pieter-Dirk Uys. Durch seine Satiren trägt Uys zum Umdenken mancher Weißer am Kap bei.

1948 Der afrikaanse Prediger Daniel F. Malan gewinnt

◁ *Winnie Mandela und Desmond Tutu bei einer Anhörung zu Menschenrechtsverletzungen der Apartheidära 1997*

mit seiner Nationalen Partei die Parlamentswahlen. Dieser Sieg bedeutet eine historische Zäsur und den Beginn der Apartheidpolitik, auch wenn zuvor schon viele Gesetze zur Rassentrennung existierten. – Alan Patons Bestseller ›Cry, the Beloved Country‹ (›Denn sie sollen getröstet werden‹) erscheint als Anklage gegen die Rassentrennung.

1951 Die von weißen Intellektuellen finanzierte Zeitschrift ›Drum‹, die sich vor allem dem städtischen Leben der Schwarzen widmet und prominente Schwarze zu ihren Autoren zählt, erscheint erstmals.

1952 Unter maßgeblicher Leitung Mandelas, der 1944 dem ANC beigetreten war, findet eine ›Missachtungskampagne‹ gegen Rassengesetze statt.

1953 Geburt von Johnny Clegg in England. Clegg, der ›weiße Zulu‹, erlangt später Weltruhm, indem er europäische und afrikanische Musiktraditionen verknüpft. Heute lebt er in Südafrika.

1954–58 Johannes G. Strijdom regiert als Nachfolger von Malan das Land.

1955 In Kliptown bei Johannesburg verabschieden der ANC und verbündete Organisationen die ›Freiheits-Charta‹. Sie bleibt programmatische Plattform des ANC bis zu seinem Wahlsieg in Pretoria 1994.

1958–66 Der in Amsterdam geborene Hendrik Frensch Verwoerd regiert das Land als Nachfolger Strijdoms. Er gilt als ›Architekt der Apartheid‹, womit vor allem die Schaffung scheinautonomer Homelands gemeint ist. Mit ihnen soll die Rassentrennung auch territorial durchgesetzt werden. Formell sind sie unabhängige Staaten der Schwarzen in Südafrika, ökonomisch, finanziell und militärisch beiben sie jedoch von Südafrika abhängig. Tatsächlich handelt es sich also um vom Staat abgetrennte Reservate. Der Mehrheit der Schwarzen soll auf diese Weise die südafrikanische Staatsbürgerschaft entzogen werden.

1959 Abspaltung des Pan Africanist Congress unter Robert Sobukwe vom ANC.

21.3.1960 Die Polizei richtet in Sharpeville bei Johannesburg ein Massaker unter Schwarzen an. Südafrika gerät wegen der Apartheidpolitik zunehmend in weltpolitische Isolation.

1961 Südafrika kommt seinem Ausschluss aus dem Britischen Commonwealth durch vorherigen Austritt zuvor. Trotz Protesten der nichtweißen Bevölkerung wird die Republik Südafrika ausgerufen. – Der stark christlich geprägte ANC-Führer Albert Luthuli erhält den Friedensnobelpreis.

1964 Nelson Mandela und weitere Angeklagte werden im Rivonia-Prozess wegen ›Terrors, Umsturzversuches und kommunistischer Aktivitäten‹ zu lebenslanger Haft verurteilt.

1966–78 Johannes Balthasar Vorster regiert das Land als Nachfolger des ermordeten H. F. Verwoerd.

1975 Die Zahl der von Weißen regierten Länder im südlichen Afrika nimmt ab. Portugal entlässt seine Kolonien Mosambik und Angola in die Unabhängigkeit.

1976 Der Aufstand der Schüler von Soweto bei Johannesburg gegen eine Direktive der Regierung, in den höheren Schulklassen nur noch auf Afrikaans zu unterrichten, entfacht Unruhen im ganzen Land, die ca. 600 Todesopfer fordern.

1977 Während der Haft wird Steve Biko, der Anführer der Bewegung ›Black Consciousness‹, von Polizisten ermordet. Die Bewegung tritt für eine Stärkung des schwarzen Selbstwertgefühls ein und lehnt Hilfe weißer Apartheidgegner ab.

1978–89 Pieter Willem Botha regiert das Land als Nachfolger Vorsters, den ein innenpolitischer Skandal zu Fall brachte.

1982 Nelson Mandela wird von Robben Island in ein Gefängnis bei Kapstadt verlegt. Winnie Mandela wird zum erfolgreichen Fixpunkt internationaler Bemühungen um die Freilassung ihres Mannes.
1983 Gründung der Anti-Apartheidorganisation United Democratic Front (UDF) als Ersatz für den im Land verbotenen ANC.
1984 Desmond Tutu, erster schwarzer Bischof Südafrikas und aktiver Apartheidgegner, erhält den Friedensnobelpreis.
1986 Aufgrund von landesweiten Unruhen wird regional der Ausnahmezustand verhängt.
1989 Frederik Willem de Klerk wird als Nachfolger Bothas Staatspräsident.
1990–91 Internationaler Druck und innerer Widerstand zwingen die Regierung de Klerk nach 27 Jahren zur Freilassung Nelson Mandelas. Die drastischsten Apartheidgesetze werden abgeschafft. Dazu zählen das Gesetz über die Registrierung der Bevölkerungsgruppen nach Rassen und das Gesetz über getrennte Wohngebiete.
1991 Nadine Gordimer, die in ihrem Romanwerk die Apartheid kritisiert, erhält den Literaturnobelpreis.
1993 Nelson Mandela und Frederik Willem de Klerk erhalten gemeinsam den Friedensnobelpreis.
1994 Bei den ersten demokratischen Wahlen verfehlt der ANC unter der Führung Mandelas nur knapp die Zweidrittelmehrheit. Der ANC ist jedoch fortan die politisch bestimmende Kraft im Lande. Mandela wird erster schwarzer Präsident Südafrikas.
1997 Am 4. Februar tritt in Südafrika eine neue Verfassung in Kraft. Sie gilt als eine der fortschrittlichsten der Welt.
1999 Aus den zweiten freien Wahlen geht der ANC als klarer Sieger hervor. Thabo Mbeki wird Nachfolger Mandelas im Amt des Präsidenten von Südafrika.
2002 Die südafrikanische Regierung beginnt die Umbenennung von Städten, deren Namen an die Apartheid erinnern.
2003 J.M. Coetzee, der in seinem Werk die sozialen und politischen Missstände Südafrikas thematisiert, erhält den Literaturnobelpreis.
2005 Auf der Berlinale gewinnt der südafrikanische Film ›U-Carmen eKhayelitsha‹ von Mark Domford-May den Goldenen Bären.

Pauline Malefane, Star des Films ›U-Carmen eKhayelitsha‹, nimmt auf der Berlinale 2005 den Goldenen Bären an

2006 Willem Botha, ehem. Präsident Südafrikas und einer der letzten Apartheid-Verfechter stirbt im Alter von 90 Jahren.
2009 Nach seinem Sieg bei den Parlamentswahlen wird der ANC-Kandidat Jacob Zuma neuer Präsident.
2010 Im Juni und Juli wird die FIFA Fußballweltmeisterschaft in Südafrika ausgetragen. Sie findet damit erstmals auf dem afrikanischen Kontinent statt.

Nelson Mandela und Frederik Willem de Klerk erhalten 1993 den Friedensnobelpreis

Strandvergnügen vor überwältigender Kulisse
in Camps Bay bei Kapstadt

Unterwegs

West-Kap – vom Zauber Kapstadts zu saftigen Weinbergen und atemberaubenden Küsten

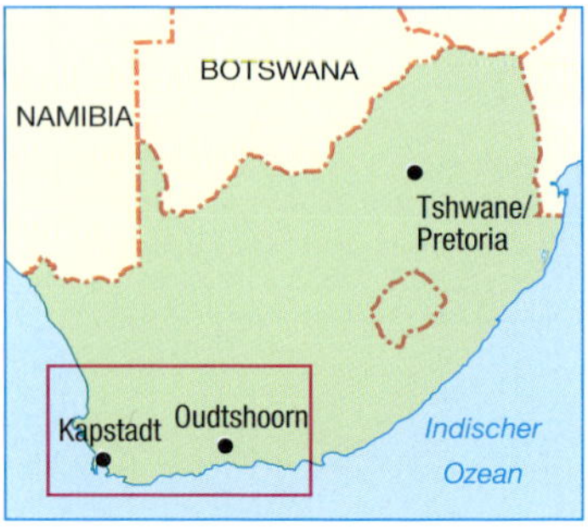

Die Provinz West-Kap zieht die meisten ausländischen Besucher innerhalb Südafrikas an. Dies ist auch kein Wunder, denn mit der Metropole **Kapstadt**, die den weißen Südafrikanern als Mutterstadt gilt, der wunderschönen **Kap-Halbinsel**, den herrlichen Weinanbaugebieten rund um **Stellenbosch**, der berühmten **Garden Route** entlang der Südküste sowie der kulturellen Vielfalt ist sie ein außergewöhnlich faszinierendes Urlaubsgebiet. Wassersportenthusiasten finden hier ebenso vielfältig Gelegenheit zu Aktivitäten wie alle Naturliebhaber, die auf Wanderwegen den *Tafelberg* erklimmen oder *Wale* beim Kalben in unmittelbarer Küstennähe beobachten wollen.

1 Kapstadt

Plan hintere Umschlagklappe

Traumstadt am Fuße des Tafelbergs.

Kapstadt (englisch *Cape Town*, afrikaans *Kaapstad*, 3,4 Mill. Einw.) schmiegt sich in traumhafte Landschaften. Beschirmt von dem blau schimmernden Massiv des Tafelbergs und eingerahmt von *Devil's Peak, Signal Hill* und *Lion's Head*, ist Kapstadt die berühmte ›Taverne der Meere‹, einstmals ein lebenswichtiger Zufluchtsort für Seeleute.

Geschichte Ausgrabungsfunde nördlich von Kapstadt stützen die Vermutung, dass es schon den Phöniziern gelungen sein muss, jenes Kap zu umrunden, dem der portugiesische Entdecker **Bartolomeu Dias** im Jahre 1488 die Bezeichnung Kap der Stürme gegeben hatte. Bald darauf wurde das Felsenende in *Kap der Guten Hoffnung* umbenannt, und **Sir Francis Drake** sprach 1580 vom ›schönsten Ende der Welt‹.

Die Geburtsstunde Kapstadts schlug am 6. April 1652, als der in den Diensten der niederländischen Ostindien-Kompanie stehende **Jan van Riebeeck** in der Tafelbucht Anker warf. Nachdem er an Land die holländische Fahne gehisst hatte, begann er mit dem Bau eines *Forts*, für die Versorgung seiner Mannschaft legte

Panorama ohnegleichen: der Anblick Kaptadts mit Signal Hill, Lion's Head (vorne) und Tafelberg (hinten) aus der Luft

er einen *Gemüsegarten* an. Der Tafelberg, der an klaren Tagen aus 200 km Entfernung vom Meer her auszumachen ist, lud bald wie ein gigantisches Gasthausschild zur Einkehr ein, denn das Kap bot Schutz bei stürmischer See sowie frisches Fleisch, Gemüse, Obst und Wein.

Bereits vor der Landung der Holländer hatten Menschen im Schatten des Tafelbergs gelebt. Hirten der **Khoikhoi** (›Hottentotten‹) hüteten kleine Schafherden und die **San** (›Buschmänner‹) jagten Wild.

Zunächst 1795 und endgültig ab 1806 war Kapstadt Sitz der britischen Kapkolonie. Im Zweiten Weltkrieg bildete die Stadt für die **Briten** eine strategisch wichtige Marinebasis. In den 1980er-Jahren ging diese Bedeutung Kapstadts jedoch zurück. Heute verfügt die Stadt über einen wichtigen Exporthafen vor allem für Wein und Zitrusfrüchte.

Seit dem Ende der Apartheid zu Beginn der 1990er-Jahre und der damit verbundenen Aufhebung internationaler Wirtschaftssanktionen erlebt der **Tourismus** in der Region Kapstadt einen Aufschwung. Doch nach wie vor hat die Stadt mit den Problemen Kriminalität, Korruption und AIDS zu kämpfen. Vor allem die Korruption hat zu Unmut gegenüber dem regierenden *African National Congress* geführt, und als Konsequenz hat Kapstadt seit 2006 einen Bürgermeister der oppositionellen *Democratic Alliance*. Seit Mai 2009 ist Dan Plato im Amt, die bisherige Bürgermeisterin Helen Zille ist nun Premierministerin der Provinz Westkap.

Von der Adderley Street zur Government Avenue

Ein guter Ausgangspunkt für einen Stadtrundgang ist die Adderley Street. Sie ist die Haupteinkaufsstraße Kapstadts, benannt nach *Sir Charles Adderley*, dem es 1850 gelang, die Einrichtung einer Strafkolonie am Kap zu verhindern. An ihrem nördlichen Ende liegt die *Cape Town Central Station*, von wo sowohl die Fernzüge ins Landesinnere als auch die Vorortbahnen etwa zu den Stränden an der False Bay abfahren. In unmittelbarer Nähe des Hauptbahnhofs lädt an der Ecke Adderley/Strand Street das Einkaufszentrum **Golden Acre** 1 (www.goldenacre.co.za) zum Stöbern und Verweilen ein. Bei den Arbeiten an dem 1978 fertiggestellten Komplex wurden Reste eines Wasserreservoirs aus dem Jahre 1663 freigelegt und in die moderne Architektur integriert.

Farbenprächtige Vielfalt: Blumenverkäuferin an der Adderley Street

An bunten Blumenständen vorbei erreicht man rund 300 m stadteinwärts die **Groote Kerk** 2 von 1799, eine der ältesten Kirchen Südafrikas. Sie gilt zugleich als Urzelle der einflussreichen holländisch-reformierten Kirche im südlichen Afrika. Die *Kanzel* ist ein Meisterwerk von Anton Anreith und Jacob Graaff.

Gleich vis-à-vis stößt man auf die **Slave Lodge** 3 (Adderley Street/Wale Street, Tel. 021/460 82 42, www.iziko.org.za/slavelodge, Mo–Sa 10–17 Uhr). Das 1679 als Unterkunft für 600 Sklaven errichtete Gebäude diente 1810–1966 als Sitz des Obersten Gerichtshofes. Heute ist die Slave Lodge ein interessantes Museum zur Geschichte der Sklaverei in Südafrika, das u. a. mittels multimedialer Technik versucht, die Lebensumstände der Sklaven in ebendiesem Gebäude zu veranschaulichen. Ergänzt wird die Sammlung durch Wechselausstellungen zu den Themen Sklaverei und Apartheid. Im Innenhof stehen die Grabsteine Jan van Riebeecks und seiner Frau Maria.

Neben dem Museum befinden sich die **Houses of Parliament** 4 (Parliament Avenue, Tel. 021/403 22 66, Führungen Mo–Fr 9–12 Uhr, Tickets vorbuchen, Pass mitbringen). 1885 für die damalige Regierung der Kapkolonie errichtet, wurden die Gebäude bei Gründung der Südafrikanischen Union 1910 erstmals erweitert. Unter anderem sind die *Bibliothek* mit der einzigartigen, 50 000 Bände umfassenden Mendelssohn-Sammlung von Afrikana sowie die *Besuchergalerie* des Parlaments zugänglich.

Etwa auf der Höhe der Parlamentsgebäude geht die Adderley Street in die *Government Avenue* über, die durch den von van Riebeeck gegründeten **Company's Garden** 5 führt. Ursprünglich diente die üppig grüne und schattige Anlage als Gemüsegarten, der den ersten Siedlern frische Produkte lieferte und die in der Tafelbucht ankernden Schiffe mit neuen Vorräten versorgte. Heute erfreuen sich an dem reizvollen Botanischen Garten Einheimische wie Touristen und die zahlreichen dort lebenden Eichhörnchen gleichermaßen.

Museumsbesuche in Gardens

Östlich der Government Avenue beginnt der Bezirk Gardens, der mit drei sehenswerten Museen aufwarten kann. Die **South African National Gallery** 6 (Government Avenue, Tel. 021/467 46 60, www.iziko.org.za/sang, Di–So 10–17 Uhr)

In den Houses of Parliament tagt zwischen Januar und Juni die Regierung Südafrikas

Kunsttempel in reizvoller Parklandschaft – die South African National Gallery am Ostrand von Company's Garden ist unbedingt einen Besuch wert

lockt mit einer Kollektion von ca. 6500 Arbeiten südafrikanischer, britischer, niederländischer und französischer Künstler. Einige der wertvollsten Stücke stiftete der Politiker *Abe Bailey*, der sich als ›Randlord‹ und Rebell gegen Präsident Paul Krüger (1825–1904) einen Namen gemacht hatte. Zeitgenössische südafrikanische Kunst wird in regelmäßigen Wechselausstellungen präsentiert.

An der St. John's Street erheben sich die im Stil der Neorenaissance erbaute imposante *Große Synagoge* mit ihren beiden charakteristischen Türmen und daneben die *Alte Synagoge* von 1863, in der die ersten jüdischen Gottesdienste in Südafrika stattfanden. Heute beherbergt sie das **South African Jewish Museum** 7 (88 Hatfield Street, Tel. 021/465 15 46, www.sajewishmuseum.co.za, So–Do 10–17, Fr 10–14 Uhr) mit einer Sammlung von Kultgegenständen und historischen Dokumenten zur Geschichte der Juden am Kap. Seit 1999 befindet sich hier auch ein **Holocaust Centre** (88 Hatfield Street, Tel. 021/462 55 53, www.ctholocaust.co.za, So –Do 10–17, Fr 10–13 Uhr) mit Gedenkstätte nicht nur für die von den Nationalsozialisten ermordeten Juden, sondern auch für Sinti, Roma, Homosexuelle und Zeugen Jehovas. Das Museum macht außerdem auf den deutschen Widerstand gegen Hitler aufmerksam, der hier mit den Namen Martin Niemöller, Oskar Schindler und der ›Weißen Rose‹ verknüpft wird.

An das südliche Ende von Company's Garden schließt sich der Komplex des **South African Museum** 8 (25 Queen Victoria Street, Tel. 021/481 38 00, www.iziko.org.za/sam, tgl. 10–17 Uhr) an. In der Sammlung wird die Entwicklungsgeschichte der Menschen in Afrika von der Steinzeit bis zur Ankunft der Weißen am Kap dargestellt. Eindrucksvoll ist die Präsentation ethnischer Gruppen, einschließlich lebensgroßer Kleiderpuppen der Khoisan. Zu dem Museumsgelände gehört auch ein **Planetarium** 9 (25 Queen Victoria Street, Tel. 021/481 39 00, www.iziko.org.za/planetarium, Vorführungen Mo–Fr 14 Uhr, Di auch 20 Uhr, Sa/So 12, 13 und 14.30 Uhr), in dem audiovisuelle Shows über die Veränderungen des südlichen Sternenhimmels im Jahresverlauf informieren.

Long Street und Bo-Kaap

Die **Long Street** 10 war zu Beginn des 20. Jh. die Kapstädter Flaniermeile zum Sehen und Gesehenwerden, zum Bummeln und Einkaufen. Heute findet sich in den teilweise viktorianischen Häusern ein Sammelsurium von Secondhandshops, Antiquitätenläden, Restaurants und Bars, dazwischen hier und dort eine Moschee für die kapmalaiische Bevölkerung. Auch die besten Antiquariate des Landes sind hier angesiedelt.

Ein ganz anderes Kapstadt erwartet den Besucher im **Bo-Kaap** (Ober-Kap).

Man erreicht dieses traditionelle Wohnviertel der *Kapmalaien* auf einem Abstecher über die Wale Street, die in nordwestlicher Richtung bergan führt. Hier leben die meist muslimischen Nachkommen jener Sklaven, die einst aus Indien, Indonesien und Malaysia nach Südafrika gebracht wurden. Im Viertel spaziert man durch kleine kopfsteingepflasterte Gassen an Moscheen und bonbonfarbenen Häusern entlang. Das **Bo-Kaap-Museum** 11 (71 Wale Street, Tel. 021/4813939, www.iziko.org.za/bokaap, Mo–Sa 10–17 Uhr) dokumentiert das muslimische Erbe Kapstadts und zeigt die typische Einrichtung eines muslimischen Haushaltes im 19. Jh. Das Gebäude aus dem Jahre 1763 soll dem religiösen Führer *Abu Bakr Effendi* gehört haben, der aus dem Osmanischen Reich ans Kap gekommen war, um eine Schule für Arabisch zu eröffnen.

Zurück auf der Long Street lohnt das **Slave Church Museum** 12 (40 Long Street, Tel. 021/4236755, Mo–Fr 9–16, Sa 9–12 Uhr) einen Besuch. Hinter ihrer eindrucksvollen Fassade bietet die ehem. Missionsanstalt aus dem Jahre 1804, die ursprünglich als Schule für Sklaven diente, eine kleine Sammlung zur südafrikanischen Missionsstation.

Folgt man der Strand Street einige Meter nach Westen gelangt man zum Martin Melck House aus dem Jahr 1783, in dem sich das **Gold of Africa Museum** 13 (96 Strand Street, Tel. 021/4051540, www.goldofafricamuseum.co.za, Mo–Sa 9.30–17 Uhr) der Geschichte des afrikanischen Goldes und seiner Verarbeitung widmet. Die modern aufbereitete Ausstellung zeigt die berühmte Sammlung westafrikanischer Goldkunst aus dem Barbier-Mueller-Museum in Genf, wo sie bis 2001 zu sehen war. Nur wenige Schritte zurück in östlicher Richtung befindet sich ein exzellentes Beispiel eines typischen Kapstädter Bürgerhauses des frühen 18. Jh. Das Interieur des klassizistischen **Koopmans de Wet House** 14 (35 Strand Street, Tel. 021/4813935, www.iziko.org.za/koopmans, Di–Do 10–17 Uhr) spiegelt mit seinen Möbeln, dem Silber und Glas den Lebensstil einer wohlhabenden Kaufmannsfamilie jener Zeit wider.

Zahlreiche Moscheen im Bo-Kaap bieten den Kapmalaien Raum zur Ausübung ihres Glaubens

Von der St. George's Mall zum Castle of Good Hope

Der Strand Street nach Osten folgend, erreicht man nach etwa 200 m die **St. George's Mall** 15, eine Fußgängerzone mit schönen Geschäften, Souvenirläden und Kneipen. Zwischen den Querstraßen Shortmarket und Longmarket Street liegt der **Greenmarket Square** 16, der beliebteste Platz Kapstadts, auf dem täglich der lebendigste und bekannteste Flohmarkt der Stadt stattfindet. Hier gibt es fast alles zu kaufen: Kleidung, Schmuck, Kunsthandwerk, Lederwaren und alte Bücher. Gehandelt wurde hier schon immer, während andere, größere Plätze der Stadt ursprünglich nur zum Ausspannen der gewaltigen Ochsenwagen dienten. Rund um den Greenmarket Square findet sich auch die bedeutendste Konzentration von *Art-déco-Architektur* in Kapstadt. Vor allem das **Market House** mit seinen Verzierungen zu Themen der heimischen Fauna und Flora verdient eine besondere Erwähnung.

TOP TIPP Einen halben Kilometer weiter östlich steht das **Castle of Good Hope** 17 (Buitenkant Street, Tel. 021/7871249, tgl. 9–16 Uhr, Führungen Mo–Sa 11, 12 und 14 Uhr, www.castleofgoodhope.co.za), das zwischen 1666 und 1679 auf dem Grundriss eines fünfzackigen Sterns entstand. Umgeben ist die Festung von 10 m hohen Erd- und Steinwällen. Tatsächlich blieb dieses älteste europäische Bauwerk auf südafrikanischem Boden von jeglichem Angriff verschont. Jede Zacke der Anlage ist von einer *Bastion* gekrönt, deren Name das holländische Erbe verrät: Buuren, Leerdam, Oranje, Nassau und Katzenellenbogen. Dazu gehören *Lager-* und *Wohnräume* sowie unter dem Meeresniveau liegende *Kerker*. Im *Innenhof* der Anlage, die heute auch Sitz des Militärkommandos der Provinz West-

Vergnügen, Unterhaltung und kulinarische Vielfalt: Victoria & Alfred Waterfront

Kap ist, liegt das *Kat* genannte Haus des Gouverneurs. Hier gibt die **William Fehr Collection** (Buitenkant Street, Tel. 021/ 4641260, www.iziko.org.za/castle, tgl. 9.30–16 Uhr) anhand von Gemälden und Einrichtungsgegenständen Einblick in das Leben am Kap im 17. und 18. Jh.

Unweit des Castle befindet sich an der Ecke Buitenkant/Albertus Street im Gebäude der früheren Methodistenmission das eindrucksvolle **District Six Museum** 18 (25 A Buitenkant Street, Tel. 021/ 4667200, www.districtsix.co.za, Mo 9–14, Di–Sa 9–16 Uhr). Es dokumentiert die Geschichte des einstigen Farbigen-Wohnviertels District Six sowie die Vertreibung seiner Bewohner als Konsequenz der Apartheid-Gesetzgebung, die diese Gegend 1966 zu einem ›weißen‹ Bezirk erklärt hatte.

Folgt man der vor dem Castle verlaufenden Buitenkant Street etwa 600 m südwärts, gelangt man zu dem Anwesen **Rust en Vreugd** 19 (78 Buitenkant Street, Tel. 021/4643280, www.iziko.org.za/rustvreugd, Di–Do 10–17 Uhr), was ›Ruhe und Freude‹ heißt. Es handelt sich hierbei um das schönste Exemplar eines Kapstädter Hauses aus dem 18. Jh. Im *Inneren* werden historische Aquarelle, Ölgemälde, Möbel, Keramik und Glaswaren gezeigt.

Von der Heerengracht zur Victoria & Alfred Waterfront

Kurz hinter dem Hauptbahnhof, von dem regelmäßig Busse zur Victoria & Alfred Waterfront starten, geht die Adderley Street in die breite, von Palmen und Blumen gesäumte **Heerengracht** 20 über, die an dieser Stelle von einem *Denkmal für Jan und Maria van Riebeeck* geziert wird. In östlicher Richtung zweigt der nach einem früheren Premierminister benannte Hertzog Boulevard ab, an dem sich links der **Artscape Theatre Complex** 21 (D.F. Malan Street, Tel. 021/4217695, www.artscape.co.za) mit Kapstadts modernster Bühne und einer hervorragenden Akustik befindet. Über den Boulevard führt eine Fußgängerbrücke zum **Civic Centre** 22 (1978), dem Sitz der Stadtverwaltung. Dieser monströse Betonklotz repräsentiert ein Stück Monumentalarchitektur, wie sie für die späten Jahre der Apartheid typisch war.

Etwa 2 km entfernt, mit dem Bus aber bequem erreichbar, liegt das Shopping- und Vergnügungsviertel **Victoria & Alfred Waterfront** 23 (www.waterfront.co.za), das mit seinen zahlreichen *Geschäften, Boutiquen, Restaurants* und *Hotels* zu einer der beliebtesten Attraktionen in Südafrika gehört.

Ein Highlight an der nach dem Vorbild der *Fisherman's Wharf* in San Francisco gestalteten Amüsiermeile ist das **Two**

Tafelbergerlebnis: mit der Panoramagondel auf das weltberühmte Hochplateau

Oceans Aquarium (Tel. 021/418 38 23, www.aquarium.co.za, tgl. 9.30–18 Uhr), das in großen Schaubassins über die Ökosysteme von Fluss und Meer informiert. Große Haie, Rochen und andere Meeresbewohner sind hier aus nächster Nähe zu bestaunen. Inhaber eines Tauchscheins dürfen gegen eine Gebühr sogar mit den Haien tauchen.

TOP TIPP Für Besucher zugänglich ist die Gefängnisinsel **Robben Island** (Tel. 021/409 51 00, www.robben-island.org.za, tgl. 7–21 Uhr, Führungen 9, 11, 13 und 15 Uhr, s. S. 25) in der Tafelbucht, auf der Nelson Mandela 18 Jahre als politischer Gefangener verbrachte. Auch seine Zelle ist zu besichtigen. Obwohl zahlreiche Anbieter an der Jetty 1 der Waterfront Tickets für die Überfahrt zur Insel verkaufen, sollte man ausschließlich bei der *Nelson Mandela Gateway* buchen, die der einzige offizielle Anbieter des insgesamt dreieinhalbstündigen Ausflugs ist, der die Überfahrt und von ehemaligen Häftlingen geleitete Führungen auf der Insel beinhaltet.

Tafelberg und Bloubergstrand

Von der Terrasse eines der vielen Restaurants an der Waterfront lässt sich TOP TIPP das einmalige Panorama des **Tafelbergs** 24 bei klarem Wetter wunderbar genießen. Doch auch hinauf auf das Hochplateau des Berges sollte man wenigstens einmal an einem wolkenfreien Tag, um eine der spektakulärsten Aussichten der Welt zu erleben. Auf das 1085 m hohe Wahrzeichen der Stadt führt eine ganze Reihe von *Wanderwegen* der unterschiedlichsten Schwierigkeitsgrade sowie die schnelle *Seilbahnverbindung* (Tel. 021/424 81 81, www.tablemountain.net) mit Panoramagondel, die von der Talstation *Kloof Nek* startet. Vor dem Einkaufszentrum Golden Acre in der Adderley Street fahren die Busse zur Haltestelle Kloof Nek ab. Von dort verkehrt ein Zubringerbus direkt zur Seilbahnstation. Mit *Abseil Africa* (Long Street, Tel. 021/424 47 60,

Großartig und unvergesslich: der Anblick des Tafelbergs von Bloubergstrand aus ▷

Robben Island – Südafrikas Alcatraz

Rund 3,5 mal 2 km misst die 11 km von Kapstadt entfernte Insel Robben Island (s. S. 24), die im Winter oft stürmisch von den eisigen Fluten des Südatlantiks umtost wird. Das nach den vielen dort lebenden Robben benannte Eiland diente der in Kapstadt ansässigen niederländischen Ostindien-Kompanie ab dem 17. Jh. als **Gefängnis** für aufrührerische Khoikhoi. Einer von ihnen, **Harry der Strandloper**, ist nachweislich der Einzige, dem die Flucht von dem Felsenkerker gelang. Im 18. Jh. internierte die Kompanie dort die ›Dissidenten‹ ihres Machtbereichs: malaiische Prinzen, muslimische Geistliche, Chinesen, Madegassen, Sklaven, Piraten und Räuber.

Im 19. Jh., nachdem das Kap endgültig an die Briten gefallen war, wandelte sich Robben Island zu einer **Leprastation**. Auf der Insel fristeten ferner Geisteskranke ihr Leben oder aber Menschen, welche die feine Kapstädter Gesellschaft für solche hielt: Prostituierte, Trinker und Kriminelle.

1961 wurde ein **Hochsicherheitstrakt** für Apartheidgegner eingerichtet, der 1964 um einen Isolierblock erweitert wurde. **Nelson Mandela** war der prominenteste Häftling auf der Insel. Heute ist Robben Island nationale Gedenkstätte und Museum. Seit 1999 zählt es zum UNESCO Weltkulturerbe der Menschheit.

Zelle Nelson Mandelas auf Robben Island

www.abseilafrica.co.za) können sich Nervenstarke aus rund 1000 m Höhe unweit des Tafelbergs abseilen.

TOP TIPP Der 25 km nördlich der Stadt an der Westküste gelegene Ort **Bloubergstrand** 25 bietet die wohl eindrucksvollste Gesamtansicht von Tafelberg und Kapstadt. Vielleicht hat man zudem das Glück und sieht das *Tafeltuch*, jenen berühmten Wolkenschleier, der sich gelegentlich über die schroffe Felswand des Tafelbergs legt.

Praktische Hinweise

Information

Capetown Tourism, The Pinnacle Building, Burg Street/Castle Street, Kapstadt,

Erbstücke der Apartheidpolitik: Townships im Osten Kapstadts

Ein anderes Bild Südafrikas

Neben die geradezu klassischen Tagesausflüge von Kapstadt aus, etwa in die Weinanbaugebiete, treten seit einiger Zeit interessante von örtlichen Reiseveranstaltern organisierte **Thementouren**.

Sie berücksichtigen das kulturelle Erbe aller ethnischen Gruppen Südafrikas, die bei der bislang eurozentrischen Präsentation südafrikanischer Sehenswürdigkeiten stets zu kurz gekommen waren. So werden Touren angeboten, die den Spuren der Sklaven am Kap folgen und in das muslimisch geprägte Leben der Malaien einführt. Zu den Höhepunkten dieser Ausflüge zählen neben dem Kapstädter Malaienviertel Bo-Kaap, dem District Six Museum und Robben Island auch die riesigen **Townships** Langa, Khayelitsha oder Gugulethu am Rande der Stadt, die aus Sicherheitsgründen jedoch nur im Rahmen von Führungen besucht werden sollten. Infos:

Tana-Baru-Tours, 3 Morris Street, Tel. 021/424 07 19

Ilios Travel, Tel. 021/697 40 56, www.ilios.co.za

Tel. 021/487 68 00, www.tourismcape town.co.za, www.capetown.travel

Flughafen

Cape Town International Airport (CPT), Tel. 021/937 12 00 , Fluginfo: Tel. 086/727 78 88, www.acsa.co.za

Hotels

*******Greenways**, 1 Torquay Avenue, Upper Claremont, Kapstadt, Tel. 021/761 17 92, www.greenways.co.za. Noble Eleganz in einer altehrwürdigen Villa mit wunderschönem Garten.

TOP TIPP ********Mount Nelson**, 76 Orange Street, Gardens, Kapstadt, Tel. 021/483 10 00, www.mountnel son.co.za. Eines der besten Häuser des Landes, traditionsreiche Luxusanlage inmitten parkähnlicher Gärten. Täglich Afternoon Tea mit großem Buffet.

******Alphen**, Alphen Drive, Constantia, Kapstadt, Tel. 021/794 50 11, www.alphen.co.za. Das historische Landhaus im kapholländischen Stil ist architektonisches Nationaldenkmal, 15 Min. von der City.

******Ocean View House**, 33 Victoria Road, Kapstadt, Tel. 021/438 19 82, www.ocean view-house.com. Der Name hält, was er verspricht: Prächtige Ausblicke auf den Atlantik in elegantem Ambiente.

******Victoria & Alfred**, Victoria & Alfred Waterfront, Kapstadt, Tel. 021/419 66 77, www.vahotel.co.za. Viktorianisches Ambiente mit großzügigem Komfort am Rande des Vergnügungsviertels der Waterfront.

Kopanong, C 329 Velani Crescent, Khayelitsha Township, Kapstadt, Tel. 021/361 20 84, Mobil 082 476 12 78, www.kopanong-township.co.za. Schlichte Unterkunft in einem Township. Der Transfer zur Unterkunft ist möglich.

Maison Fontainbleau, 6 Avenue Fontainbleau, Fresnaye, Kapstadt, Tel. 021/439 29 30, www.mfontain.co.za. Hoch an den Hängen des Signal Hill gelegen, mit prachtvoller Aussicht auf den Atlantik.

Mediterranean Villa, 21 Brownlow Road, Tamboerskloof, Kapstadt, Tel. 021/423 21 88, www.medvilla.co.za. Viktorianisches Haus in einem hübschen Garten mit Swimmingpool, die Innenstadt ist zu Fuss erreichbar.

Restaurants

Biesmiellah, Ecke Upper Whale/Pentz Street, Kapstadt, Tel. 021/423 08 50. Eines der ältesten und renommiertesten Restaurants mit traditioneller Kap-Küche. Unbedingt probieren sollte man die scharfen Eintöpfe (So geschl.).

Panama Jacks, Ecke Quay 500/Eastern Mole Road, Kapstadt, Tel. 021/447 39 92, www.panamajacks.net. Ein Paradies für Liebhaber exotischer Meeresfrüchte im Hafen von Kapstadt.

Mama Africa, 178 Long Street, Kapstadt, Tel. 021/426 10 17, www.mamaafricarest.net. Gemütliches Ambiente mit Speisen vom ganzen Kontinent. Köstliche Cocktails an der 12 Meter langen ›Grüne Mamba‹-Bar (So geschl.).

Oasis, 76 Orange Street, Gardens, Kapstadt, Tel. 021/483 10 00. Eines der beiden Restaurants des Mount Nelson Hotels (s.o.). Es bietet insbesondere Spezialitäten der Mittelmeerküche.

TOP TIPP **Rozenhof**, 18 Kloof Street, Gardens, Kapstadt, Tel. 021/424 19 68. Preisgekröntes Haus mit eleganter Atmosphäre und moderner europäischer Küche (So geschl.).

The Africa Café, 108 Shortmarket Street, Kapstadt, Tel. 021/422 02 21, www.africacafe.co.za. Kulinarische Köstlichkeiten des afrikanischen Kontinents.

2 Kap-Halbinsel *Plan Seite 28*

Einige der schönsten Landschaftsbilder der Erde auf engstem Raum.

Rund um die Kap-Halbinsel, vorbei an einer Reihe bedeutender Sehenswürdigkeiten, führt eine herrliche Küstenstraße, die Ausblicke auf die weite False Bay und den Atlantik eröffnet. Verlässt man das Zentrum Kapstadts ostwärts, passiert man zunächst links der N2 in Richtung Muizenberg/Airport das weltberühmte **Groote Schuur Hospital** 1, in dem *Christiaan Barnard* 1967 die erste Herztransplantation am Menschen durchführte.

Etwa 2 km südlich lohnt im Stadtteil Rosebank ein Besuch des **Irma Stern Museum** 2 (Cecil Road, Tel. 021/685 56 86, Di–Sa 10–17 Uhr, www.irmastern.co.za), in dem Bilder und Skulpturen der aus einer deutsch-jüdischen Familie stammenden Künstlerin gezeigt werden. *Irma Stern* (1904–1966), die nach ihrem Studium in Berlin nach Südafrika zurückkehrte, zählt zu den bekanntesten südafrikanischen Künstlern des 20. Jh.

TOP TIPP Südwestlich schmiegen sich an die Hänge des Tafelbergs die **Kirstenbosch Botanical Gardens** 3 (Rhodes Drive, Tel. 021/799 87 83, www.sanbi.org/frames/kirstfram.htm, Sept.–März tgl. 8–19, April–Aug. tgl. 8–18 Uhr). Etwa 6000 Pflanzenarten werden hier kultiviert, einschließlich alter Zykaden, vieler Arten von Proteen, Erika, Pelargonien und Farnen. In Themenspaziergängen kann man die Blumen, Sträucher und Bäume des Gartens näher kennenlernen.

Weiter südlich schließt sich die **Constantia Wine Route** 4 (www.constantiawineroute.co.za) an. Erste Station auf dieser traditionsreichen Weinroute ist *Constantia*, eines der ersten Weinanbaugebiete im westlichen Kapland. Das südlich benachbarte Weingut *Groot Constantia* (Groot Constantia Estate, Tel. 021/795 51 40, tgl. 10–17 Uhr, www.iziko.org.za/grootcon) ist das älteste und wohl berühmteste in Südafrika. Das 1685 erbaute

Luxus zu Füßen des Tafelbergs: Das traditionsreiche Mount Nelson Hotel

Die Blütenschönheit Südafrikas auf einen Blick: Kirstenbosch Botanical Gardens

Herrenhaus und der später angefügte ebenerdige Weinkeller zählen zu den schönsten Beispielen kapholländischer Architektur im Lande. Zu besichtigen sind das mit alten Möbeln eingerichtete Wohnhaus sowie das Weinmuseum. Wer möchte, kann die auf dem Gut produzierten edlen Tropfen probieren und kaufen. Berühmt für seine guten Weine und sein elegantes Restaurant (Tel. 021/794 35 22) ist das nahe Gut *Buitenverwachting* (Klein Constantia Road, Tel. 021/794 51 90, www.buitenverwachting.co.za, Mo–Fr 10–17, Sa 10–13 Uhr), das wie Groot Constantia herrlich inmitten der Weinberge liegt.

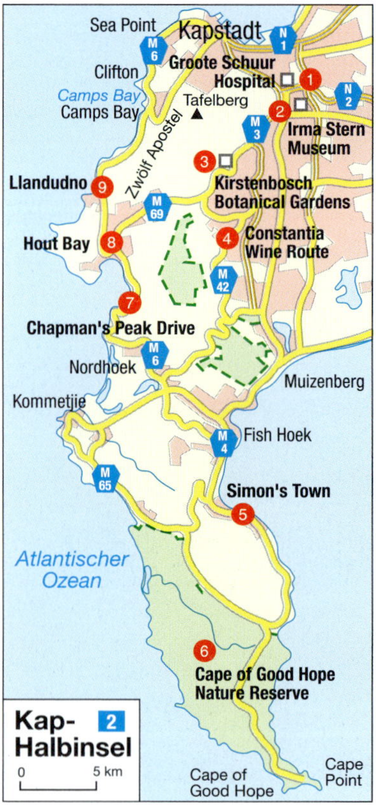

Vorbei an den Badeorten **Muizenberg** und **Fish Hoek** gelangt man entweder im Auto oder mit der Vorortbahn entlang der herrlichen *False Bay* zu dem Marinestützpunkt **Simon's Town** 5, dessen Hauptstraße von zahlreichen Häusern im viktorianischen Stil gesäumt ist. Die nahegelegene Bucht *The Boulders* bietet mit den sich hier tummelnden Brillenpinguinen eine besondere Attraktion für Tierfreunde. Schöne Plätze zur Walbeobachtung besitzt die False Bay Whale Route (www.whaleroute.com), zu der auch der Ort Simon's Town gehört.

Die Südspitze der Halbinsel – nicht zu verwechseln mit der Südspitze Afrikas, die sich 200 km weiter südöstlich am Kap Agulhas befindet – nimmt das **Cape of Good Hope Nature Reserve** 6 (Tel. 021/780 90 10, www.capepoint.co.za, Okt.–März tgl. 6–18, April–Sept. tgl. 7–17 Uhr) ein, ein Naturschutzgebiet, in dem Paviane, Antilopen, zahlreiche Vogel- und Reptilienarten leben. Die Landschaft in der Umgebung vom **Cape of Good Hope**, Kap der Guten Hoffnung, und des **Cape Point** zeigt sich im Frühling von ihrer schönsten Seite, wenn sie von einem bunten Blütenteppich verzaubert wird. Vom Parkplatz am Cape Point werden die Besucher mit einer Standseilbahn zum *Leuchtturm* hinaufgebracht, von wo sich bei klarem Wetter ein fantastischer Rundblick über den Atlantik, die False Bay und die östliche Seite der Kap-Halbinsel bis hinauf nach Muizenberg eröffnet.

Zurück über Simon's Town führt der Weg nach Noordhoek auf der Westseite der Halbinsel. Hier beginnt der 10 km lange **Chapman's Peak Drive** 7, eine in den Fels getriebene Maut-Küstenstraße, die fraglos zu den eindrucksvollsten ihrer Art auf der Welt gehört. Am nördlichen Ende dieser Strecke liegt der kleine, geschäftige Ferienort **Hout Bay** 8, der mit seiner Flotte bunter Fischerboote einen malerischen Anblick bietet. Ein Anziehungspunkt für Liebhaber von frischen Meeresfrüchten ist die an der Bucht gelegene *Mariner's Wharf*. Ein interessanter Ausflug nicht nur für Tierfreunde ist die Bootsfahrt zum vorgelagerten *Duiker Island*, das im Sommer Tausende von Kap-Robben, Kormoranen und Möwen bevölkern.

TOP TIPP Geradezu kitschig-schön präsentiert sich der Ort **Llandudno** 9 mit seinen hübschen Villen und ansehnlichen Apartmenthäusern in einer winzigen Sandbucht, die zu einem Bad im allerdings meist recht kalten Atlantik einlädt.

Herrliche Bademöglichkeiten eröffnen zu Füßen der Zwölf Apostel-Berge auch *Camps Bay* und *Clifton*, die zu den beliebtesten und teuersten Stadtteilen von Kapstadt gehören. Sie liegen im Südwesten der Stadt und verfügen über weiße, feinsandige Strände.

i Praktische Hinweise

Information

Cape Town Tourism South, The Pavillion, Beach Road, Muizenberg, Tel. 021/787 91 40

Kirstenbosch Visitor Information Centre, Rhodes Drive, Newlands, Tel. 021/762 06 87, www.capetown.travel

Hotels

*****Lord Nelson Inn**, 58 St. Georges Street, Simon's Town, Tel. 021/786 13 86, www.lordnelsoninn.co.za. Zehn schöne Ensuite-Zimmer, ein À-la-carte-Restaurant und ein gemütlicher Pub sorgen für eine freundliche Atmosphäre.

Froggs Leap, 1 Baviaanskloof Road, Hout Bay, Tel. 021/790 25 90, www.froggsleap.co.za. Dieses Strandhotel bietet Möglichkeiten zum Surfen, Wandern und Mountainbiking.

Othandweni Africa, 5 Royal Avenue, Hout Bay, Tel. 021/790 27 11, www.othandweniafrica.com. Familiäres Bed & Breakfast in Strandnähe, mit Pool und Garten.

Der Chapman's Peak Drive, der sich eng an den Felsen entlangwindet, zählt mit seinen atemberaubenden Ausblicken zu den schönsten Küstenstraßen der Welt

Sandstrandidylle der Kap-Halbinsel – der Seebadeort Llandudno zu Füßen der ›Zwölf Apostel‹ besitzt eine kleine, von Klippen geschützte Traumbucht

Toad Hall, 9 A. B. Bull Road, Froggy Farm, Simon's Town, Tel. 021/786 38 78, www.toad-hall.co.za. Am Berghang mit weitem Blick über die False Bay, Walbeobachtung in der Saison im Sept./Okt.

Restaurants

TOP TIPP **Black Marlin**, Millers Point, Tel. 021/786 16 21, www.blackmarlin.co.za, 2 km südl. von Simon's Town Richtung Cape Point. Bekanntes Fischrestaurant an der False Bay, Austern und Saldanha-Muscheln.

Camel Rock, Main Road, Scarborough, Tel. 021/780 11 22. Rustikales Restaurant, spezialisiert auf Meeresfrüchte und vegetarische Kost. Im Sommer kann man an Holztischen auf der weinumrankten Terrasse sitzen (Di geschl.).

Kitima Kronendal, Kronendal Estate, 140 Main Road, Hout Bay, Tel. 021/790 80 04, www.kitima.co.za. Exquisite Thai-Küche, serviert in einer vornehmen kapholländischen Umgebung (Mo geschl.).

Jonkershuis, Groot Constantia Wine Estate, Constantia, Tel. 021/794 62 55, www.jonkershuisconstantia.co.za. Im kapholländischen Stil mit traditioneller Kapküche – entweder im Haus oder unter alten Eichen. Hauseigene Weine.

3 Stellenbosch

Traditionsreiches Zentrum afrikaanser Kultur.

Gegründet im Jahre 1679, ist Stellenbosch die zweitälteste Stadt des Landes. Ursprünglich diente die 50 km von Kapstadt entfernte Siedlung als Versorgungsbasis für die Schiffe der niederländischen Ostindien-Kompanie in der Tafelbucht. Als Handels- und Landwirtschaftszentrum vereint sie heute mit ihren 75 000 Einwohnern die Eigenschaften einer modernen Stadt mit dem Charme einer traditionsreichen Regionalmetropole. Viele der Häuser aus dem 18. Jh. sind liebevoll restaurierte Nationaldenkmäler. Seit 1918 ist Stellenbosch auch Sitz einer Universität. Heute ist es aufgrund seines Baumbestandes als ›Stadt der Eichen‹ bekannt. Die umliegenden fruchtbaren Täler liefern zudem hervorragendes Obst und ebensolche Weine.

Einen guten Eindruck von der kapholländischen Architektur der Stadt vermittelt der zentrale Platz **Braak**. Rund um eine Grünfläche, auf der früher Paraden und andere Festivitäten stattfanden, gruppiert sich eine Reihe sehenswerter Gebäude wie das **Burgerhuis** von 1797 und das **Kruithuis** von 1717, ehemals Arsenal der niederländischen Ostinden-Kompanie und ältestes erhaltenes Pulvermagazin im südlichen Afrika. Das **Stellenbosch Village Museum** (37 Ryneveldstreet, Tel. 021/887 29 48, Mo–Sa 9–17, So 9–16 Uhr, www.stelmus.co.za) versammelt typische Häuser der Jahre 1709–1850 mit originalgetreuen Interieurs.

Kenner schätzen das Hotel **D'Ouwe Werf** (s. S. 33) in der Church Street als eines der ehrwürdigsten Gasthäuser Südafrikas. Im älteren Teil der Stadt gelegen, existiert dieses Juwel etwa seit 1800. Das ursprüngliche Gebäude wurde von zwei Sklaven niedergebrannt, die dafür öffentlich gehängt wurden. Heute umfasst D'Ouwe Werf über 30 Zimmer, die geschmackvoll mit antiken Möbeln dekoriert sind, sowie ein hervorragendes Restaurant. Auch im Innenhof kann man unter Schatten spendenden Weinreben verschiedene Snacks und Erfrischungen genießen.

Fast die ganze Stellentia Avenue nimmt das 2005 eröffnete, im Stil eines Weingutes gestaltete **Rupert Museum** (Stellentia Avenue, Tel. 021/888 33 44, www.rupertmuseum.org, Mo 14–16, Di, Mi, Fr 9.30–13 und 14–16, Do 9.30–13 und 14–19 Uhr) ein. Zwei der Hallen beherbergen eine beachtliche Sammlung südafrikanischer Kunst des 20. Jh., u. a. mit Werken von Irma Stern, Maggie Laubser und Alexis Preller. Eine weitere Halle widmet sich internationalen Vertretern der klassischen Moderne, u. a. mit Skulpturen von Rodin, Maillol und Picasso.

Ein kulturelles Erlebnis versprechen die Konzerte im **Oude Libertas Centre** (Adam Tas Road, Tel. 021/809 73 80, www.oudelibertas.co.za). Dieses Zentrum am Fuße des *Papegaaibergs* verfügt über ein Amphitheater mit 430 Sitzplätzen. Hier finden Theater-, Ballett- und Konzertaufführungen aller Art statt. Bei der Einweihung 1977 saß *Vladimir Ashkenazy* am Piano. Auch ein Weinladen und ein Restaurant laden zu einem Besuch ein.

Bilder der Vergangenheit: Alltag von anno dazumal im Stellenbosch Village Museum

Ausflug

Stellenbosch ist Ausgangspunkt der **Stellenbosch Wine Route** (Info: Tel. 021/886 43 10, www.wineroute.co.za), die aus fünf Routen besteht und zu 130 Weingü-

Malerisches Fleckchen für eine Schulpause: der historische Dorfplatz Braak mitten im Grünen im Zentrum von Stellenbosch mit der Rhenish Mission im Hintergrund

Reif für die Lese – unter der Sonne des West-Kap gedeihen Südafrikas Weine

Aus den Weinkellern am West-Kap

Friedrich Klopstock widmete ihnen eine Ode, Friedrich der Große zog sie allen anderen vor, und auch Napoleon ließ sich seine Verbannung mit ihnen erleichtern: **Kapweine** sind seit langem ein Siegel für Qualität und haben sich nach dem politischen Umbruch in Südafrika wieder einen festen Platz auf dem europäischen Markt erobert.

Bereits **Jan van Riebeeck** ließ sich Rebstöcke aus Spanien, Frankreich und Deutschland ans Kap schicken, und am 2. Februar 1659 notierte er in seinem Tagebuch: »Heute, der Herr sei gepriesen, wurde zum erstenmal aus Kaptrauben Wein gepresst.« Mit Gouverneur **Simon van der Stel** kam 1679 ein Mann nach Südafrika, der dem Weinanbau hier zum Durchbruch verhalf. Einen weiteren Aufschwung als Weinproduzent hat Südafrika der Hugenottenvertreibung aus Frankreich zu verdanken. Einige dieser erfahrenen Winzer begründeten in **Franschhoek** ein bedeutendes Weinanbauzentrum.

Eine Läuseplage Ende des 19. Jh. warf Südafrikas Weinproduktion zunächst zurück, doch mit Hilfe amerikanischer Rebstöcke wurde schon 1918 wieder eine so große Produktion erzielt, dass die Preise in den Keller tröpfelten – dies war die Geburtsstunde der Zentralgenossenschaft KWV, die auch heute noch eisern über Preise, Mengen und Qualität wacht.

Übrigens gab es bis vor einiger Zeit keinen schwarzen Winzer in Südafrika. Nun ist der Zulu **Jabulani Ntshangase** (Thabani Wines, 6 Binneplein, Stellenbosch, www.thabani.co.za) der erste Schwarze, der einen Sauvignon Blanc gekeltert hat. Er war in den Apartheidjahren nach Amerika gegangen und hatte bei der Arbeit in einer New Yorker Weinhandlung seine Liebe zum Rebensaft entdeckt.

tern führt. Diese sind jeweils an ihren Einfahrten durch ein spezielles Symbol gekennzeichnet. Man wandelt auf den Weinwegen und hat bei Weinproben und gutem Essen die Qual der Wahl.

i Praktische Hinweise

Information

Stellenbosch Tourism and Information Bureau, 36 Market Street, Stellenbosch, Tel. 021/883 35 84, www.tourismstellenbosch.co.za

Hotels

*****__Lanzerac Manor & Winery__, Lanzerac Road, Stellenbosch, Tel. 021/887 11 32, www.lanzerac.co.za. Elegantes Landhotel, schön inmitten von einem Weingut gelegen.

****__La Bonne Auberge__, 21 van Zyl Street, Somerset West, Tel. 021/852 00 78, www.labonneauberge.co.za. Elegantes Anwesen mit Garten und Pool und familiärer Atmosphäre. Ideal zum Golfen in der näheren und weiteren Umgebung.

D'Ouwe Werf, 30 Church Street, Stellenbosch, Tel. 021/887 46 08, www.ouwewerf.co.za. Im Herzen des alten Stellenbosch gelegenes Haus im Stil eines Country Inn.

Restaurants

De Volkskombuis, Aan de Wagen Road, Stellenbosch, Tel. 021/887 21 21, www.volkskombuis.co.za. Traditionelle Kapküche und Meeresfrüchte.

96 Winery Road, an der Straße R 44 zwischen Stellenbosch und Somerset West auf dem Zandberg Weingut gelegen, Tel. 021/842 20 20, www.96wineryroad.co.za. Preisgekröntes Restaurant mit erlesenen Speisen und Weinen; Reservierung notwendig (So abends geschl.).

4 Franschhoek

Französisch-hugenottisches Erbe auf Schritt und Tritt.

Kaum 25 km von Stellenbosch entfernt gelangt man durch eine eindrucksvolle Berglandschaft in das seit 1688 von Hugenotten geprägte Städtchen Franschhoek (›Franzosenwinkel‹). Die Weingüter dieser Gegend tragen z. T. noch ihre französischen Namen und können auf der *Franschhoek Wineroute* (Vignerons de Franschhoek, Tel. 021/876 28 61, www.franschhoekwines.co.za) besucht werden. Natürlich darf man ihre Erzeugnisse bei Weinproben und Kellereibesichtigungen verkosten. Neben dem Weinbau brachten die Hugenotten auch eine ausgezeichnete Küche mit nach Franschhoek, dessen Restaurants in Südafrika einen sehr guten Ruf genießen.

Am Rand des Städtchens, am Fuß des landschaftlich eindrucksvollen *Franschhoek-Passes*, erinnert das 12 m hohe, dreibogige **Huguenot Monument** an die Besiedlung der Region durch die französischen Religionsflüchtlinge. Direkt daneben widmet sich das **Huguenot Memorial Museum** (Lambrecht Street, Tel. 021/876 25 32, Mo–Sa 9–17, So 14–17 Uhr, www.museum.co.za) vor allem der Genealogie der Hugenottenfamilien. Anhand von Möbeln, Bibeln, Dokumenten und Einrichtungsgegenständen wird auch ihr Leben illustriert.

i Praktische Hinweise

Information

Information Centre, 70 Huguenot Road, Franschhoek, Tel. 021/876 36 03, www.franschhoek.org.za

Hotel

Auberge Bligny, 28 Van Wijk Street, Franschhoek, Tel. 021/876 37 67, www.bligny.co.za. Viktorianisches Guest House von 1861 mit Pool, auch Selbstverpflegung in eigener Küche möglich.

Einladung zum Verkosten und Kauf edler Weine: Franschhoek Wynkelder

Restaurants

Boschendal, 17 km außerhalb von Franschhoek in Richtung Stellenbosch (R 310), Tel. 021/870 42 74, www.boschendal.com. Auf dem gleichnamigen Weingut am Fuße der Groot-Drakenstein-Berge gelegenes Restaurant mit ausgezeichneter französischer Küche.

Haute Cabrière, Cellar Restaurant, Pass Road, Franschhoek, Tel. 021/876 36 88, www.hautecabriere.com. Edle Speisen in einem in den Berg hineingebauten Champagnerkeller.

La Petite Ferme, Pass Road, Franschhoek, Tel. 021/876 30 16, www.lapetiteferme.co.za. Landgasthaus mit familiärer Atmosphäre hoch oben auf dem Pass.

Le Quartier Français, 16 Huguenot Road, Franschhoek, Tel. 021/876 21 51, www.lequartier.co.za. Kapmalaiische und provenzalische Küche.

5 Paarl

Eine der Weinmetropolen im Kapland.

Der Ortsname lässt sich auf den großen Granitfelsen **Paarl Rock** hinter der Stadt zurückführen, dessen Oberfläche bei Regen an schimmernde Perlen erinnert. Die ersten weißen Farmer siedelten hier im Jahre 1687. Heute ist Paarl mit seiner Umgebung nach Kapstadt die industrialisierteste Region des West-Kaps.

Umgeben von Weinbergen besitzt die Stadt noch zahlreiche historische Bauten sowie herrliche, eichengesäumte Straßen. Sie gilt als *Wiege afrikaanser Sprache* und Kultur, denn in Paarl erschien die erste afrikaanse Zeitung, und hier wurde auch die Bibel ins Afrikaanse übersetzt.

Nach Paarl kommen alljährlich im Frühling rund 2000 Weinconnaisseure und -einkäufer aus aller Welt, um am bedeutendsten Ereignis im südafrikanischen Weinkalender teilzunehmen: der *Nederburg Wine Auction* (www.nederburgauction.co.za). Unter der Leitung des Hauptweinberaters von Sotheby's in London werden dann auf dem 7 km östlich der Stadt gelegenen Weingut **Nederburg** wertvolle südafrikanische Tropfen versteigert. In festlicher Atmosphäre kommen hier an einem Tag rund 5000 Kisten unter den Hammer.

An der *Main Street* liegt die Zentrale der **KWV** (Kooperatiewe Wijnbouwers Vereniging van Zuid-Afrika), der größten Winzergenossenschaft Südafrikas. Sie wurde 1918 gegründet. Heute vermarktet die KWV den bedeutendsten Teil des südafrikanischen Weinexports. Auf einer Fläche von 22 ha lagern in dem riesigen Kellerkomplex mehr als 100 verschiedene Weinsorten, dazu kommen Brandys und Dessertweine. Jährlich besichtigen den Keller (Kohler Street, Tel. 021/807 30 07, www.kwv.co.za, Mo–Sa 9–16.30 Uhr) 50 000 Besucher.

1972 erwarb KWV mit **Laborie** (Tel. 021/807 33 90, www.laboriewines.com, Mo–Sa

Im riesigen Cathedral Cellar der KWV in Paarl lagern Fässer mit mehr als 100 Weinsorten

Erinnert an die verschiedenen Wurzeln der afrikaansen Sprache: Taal Monument

9–17 Uhr) eines der ältesten Hugenottenweingüter am Kap und machte aus ihm ein Musterweingut. Die historischen Gebäude wurden restauriert und die 39 ha großen Weinberge neu bepflanzt. Heute hat Laborie einen sehr guten Ruf. Zur Besichtigung gehört auch eine Weinprobe.

Antiquitäten aus der Region und historische Objekte der hugenottischen sowie afrikaansen Kultur zeigt das **Paarl Museum** (303 Main Street, Tel. 021/8722651, www.museums.org.za/paarlmuseum, Mo–Fr 9–17, Sa 9–13 Uhr) in dem ehem. Pfarrhaus *Oude Pastorie* von 1787.

In der nahe gelegenen *Pastorie Avenue* wurde im Gideon Malherbe House das **Afrikaans Language Museum** (11 Pastorie Avenue, Tel. 021/8723441, www.taalmuseum.co.za, Mo–Fr 9–16, Sa 9–13 Uhr) eingerichtet, das die Geschichte der afrikaansen Sprache dokumentiert. In dem Gebäude wohnte einst *Gideon Malherbe*. Hier wurde 1876 die erste Ausgabe von ›Die Afrikaanse Patriot‹ gedruckt. Malherbe kämpfte mit anderen Afrikaanern für die offizielle Zulassung von Afrikaans als Amtssprache am Kap.

Etwas außerhalb der Stadt befindet sich mit dem **Taal Monument** ein ›Sprachendenkmal‹. Oberhalb Paarls auf einem Felsen stehend, symbolisieren die teils riesigen Betonsäulen jene Kulturen und Sprachen, die das Afrikaanse prägten.

Ausflug

Auch Paarl hat eine **Wine Route** (www.winecountry.co.za), die gut beschildert ist. Weinverkostungen sind ebenso möglich wie der Genuss gepflegter Speisen in den Restaurants einiger Güter.

i Praktische Hinweise

Information

Paarl Information Centre, 216 Main Street, Paarl, Tel. 021/8720860, www.paarlonline.com

Hotels

*****__Grande Roche__, Plantasie Street, Paarl, Tel. 021/8635100, www.granderoche.com. Inmitten von Weingärten, am Fuße des Paarl Rock gelegen. Luxus in kapholländischem Ambiente.

****__Zomerlust Gastehuis__, 193 Main Street, Paarl, Tel. 021/8722117, www.zomerlust.co.za. Elegantes Guest House im historischen Stadtzentrum, gediegen eingerichtet mit antiken Möbeln.

Restaurant

Top Tipp **Rhebokskloof Wine Estate**, Noorder Paarl, Paarl, Tel. 021/8698386. Herrliches Weingut mit Gebäuden aus dem 18. Jh., Kapküche, sonntags Lunch-Buffet (So/Mo abends geschl.).

Zur Obstblüte verwandelt sich die Landschaft rund um Tulbagh in einen Farbenteppich

6 Tulbagh

Der Ort präsentiert sich mit kapholländischer Architektur in ungewöhnlicher Konzentration.

Der 50 km nördlich von Paarl gelegene hübsche Ort mit seinen 3000 Einwohnern ist ein Zentrum des Obst- und Weinanbaus. Ein Erdbeben richtete 1969 schwere Schäden an den z. T. über 200 Jahre alten Gebäuden an. Die anschließenden Restaurierungsarbeiten umfassten 32 Gebäude in der **Church Street**, die heute den größten geschlossenen Komplex von Nationaldenkmälern im Lande bilden.

Ein Zusammenschluss der drei bedeutendsten historischen Bauwerke Tulbaghs ist das **Oude Kerk Volksmuseum** (4 Church Street, Tel. 023/230 10 41, Mo–Fr 9–17, Sa 10–16, So 11–16 Uhr). Dazu zählen das *Old Church Museum* mit einer reich verzierten Giebelfront, *Mon Bijou* (auch bekannt als De Wet House) sowie das *Victorian House* in der Van der Stel Street, ein elegantes Bauwerk des 19. Jh. mit zeitgenössischem Mobiliar.

Etwa 4 km außerhalb der Stadt lohnt das alte Magistratsgebäude **Old Drostdy** (Tel. 023/230 02 03, Mo–Sa 10–13 und 14–16, So 14.30–17 Uhr) einen Besuch. Der von *Louis Thibault* 1806 errichtete klassizistische Bau besticht durch ausgewogene Proportionen und erlesenes Mobiliar. *Weinproben* sind im dazugehörigen ehem. Gefängnis möglich.

i Praktische Hinweise

Information

Tulbagh Tourism Bureau, 4 Church Street, Tulbagh, Tel. 023/230 13 48, www.tulbaghtourism.org.za

Hotels

Manley Wine Lodge, Main Winterhoek Road, Tulbagh, Tel. 023/230 05 82, www.manleywinelodge.co.za. Inmitten einer herrlichen Berglandschaft, ca. 1 km vom Zentrum, mit Pool und Garten.

The Little Court Yard at No. 30 Church Street, 30 Church Street, Tulbagh, Tel. 023/230 14 48, www.littlecourtyards.com. Zwischen historischen Bauwerken im kapholländischen Stil gelegen, persönliche Atmosphäre.

Restaurant

Paddagang Restaurant, 23 Church Street, Tulbagh, Tel. 023/230 02 42. Köstlichkeiten der Kapküche in hübschem Garten.

7 Hermanus

Der ideale Standort zur Walbeobachtung.

Der zwischen einer großartigen Bergkulisse und dem Atlantik gelegene Ort verdankt seinen Namen dem holländischen Lehrer und Schäfer *Hermanus Pieters*, der in den 1830er-Jahren einem Elefantenpfad folgend diese Küstenregion entdeckte und sich hier niederließ. Fischer und Walfänger folgten alsbald, ebenso

Kalkbrenner, die in den Muschelvorkommen am Strand reichlich Rohstoff fanden. Heute werden in Hermanus alle erdenklichen Arten an **Wassersport** geboten, sei es auf offenem Meer oder in der Lagune des *Kleinriviersvlei*, der in den Atlantik mündet. Stolz ist man im Ort auch auf eine Reihe südafrikanischer Angelrekorde.

Sehenswert ist das **Old Harbour Museum** (Marine Drive, Tel. 028/3121475, www.old-harbour-museum.co.za, Mo–Sa 9–13 und 14–17 Uhr), das mit restaurierten Bauten, Booten und alten Fotos jene Zeit dokumentiert, als Hermanus vor allem ein Fischereihafen war.

Hauptattraktion ist jedoch die Beobachtung von **Walen**, die im Frühjahr aus der Südpolarregion zum Kalben in die **Walker Bay** kommen. Nahe dem Alten Hafen gibt der Walrufer mit einem Horn das Signal, wenn sein geübtes Auge eine riesige Schwanzflosse oder eine Atemfontäne draußen in der Bucht entdeckt hat. Dann zücken die an der Uferpromenade wartenden Touristen ihre Ferngläser.

TOP TIPP

Ausflüge

Von Hermanus führt die R 43 zu dem rund 45 km südöstlich gelegenen Dorf **Gansbaai**. Der Name rührt von den Wildgänsen her, die es hier früher in großer Zahl gab. Vermutlich gehen die Ursprünge des Ortes auf die Schiffskatastrophe von 1852 zurück, als am nahen Danger Point der britische Truppentransporter ›HMS Birkenhead‹ [s. S. 38] auf Grund lief. Einige Nachkommen der Schiffbrüchigen leben heute noch in der Gegend. Während des Zweiten Weltkrieges erlebte Gansbaai einen kurzen Boom, als eine Fabrik zur Verarbeitung der hier zahlreich vorkommenden Haie errichtet wurde. Mit dem an Vitamin C reichen Fleisch der Haie wurden die alliierten Truppen versorgt. Heute verfügt Gansbaai über einen kleinen Hafen und bietet Gelegenheit, nahe der vorgelagerten Robbeninsel Exemplare des geschützten *Weißen Hais* zu entdecken.

Rund 60 km südöstlich von Gansbaai erreicht man **Cape Agulhas**, den südlichsten Punkt Afrikas (34° 49′ 58″). Hier gehen *Atlantischer* und *Indischer Ozean* ineinander über, obwohl noch warme Strömungen des Indischen Ozeans bis Cape Point bei Kapstadt reichen. Lediglich ein Leuchtturm und eine Gedenkplakette am steinigen Strand weisen den Besucher auf die geographische Bedeutung von L'Agulhas hin, wie die ortsübliche Bezeichnung lautet.

Wendet man sich auf der R 319 vom Kap weg nach Norden, gelangt man nach etwa 35 km in die Kleinstadt **Bredasdorp**, ein Zentrum der Getreide- und Milchwirtschaft. Sehenswert ist dort das **Ship-**

Moby Dick Kurs voraus

Jeder kennt die ›Big Five‹ südafrikanischer Nationalparks: Löwe, Leopard, Nashorn, Büffel und Elefant. Am Kap der Guten Hoffnung könnte man auch von den ›Big Six‹ sprechen, denn hier sind zusätzlich die großen **Wale** echte Publikumsmagnete, vor allem im Bereich von der False Bay ostwärts etwa bis Mossel Bay. Zum Mekka der ›Whalewatchers‹ hat sich **Hermanus** entwickelt, ein etwa 100 km von Kapstadt entfernter Badeort. Hier ruft ein ›Whale Caller‹ für die Touristen ›Wal in Sicht!‹. Zumeist entdeckt man Buckel-, Finn-, Blau- und Killerwale sowie die hier **Southern Right** und **Pygmy Right** genannten Arten, wenn sie dahingleiten und eine Atemfontäne dicht unter der Wasseroberfläche in die Luft schicken. Häufig lassen sich auch elegante Luftsprünge der gewaltigen Meeressäuger beobachten. Oder aber die riesige Schwanzflosse ragt für ein paar Sekun-

den aus dem Wasser. Die **Walsaison** beginnt meist im Juni und endet spätestens im Januar. ›Hauptsaison‹ für Walbeobachter sind September und Oktober. Die Wale kommen an die Küste, um ihre Jungen zur Welt zu bringen.

Dem Zahn der Gezeiten anheim gegeben: Wrack vor der Küste von Cape Agulhas

Friedhof der Schiffe – Wracks vor der Küste des West-Kaps

Die etwa 3000 km lange Küste Südafrikas ist im Verlauf der Jahrhunderte für unzählige Schiffe und ihre Besatzungen zum nassen Grab geworden. Man schätzt, dass ungefähr 2000 Schiffswracks in unmittelbarer Küstennähe liegen – ein Großteil davon auf dem Meeresboden vor Kapstadt.

So warten beispielsweise im Rumpf der ›**Maori**‹ vor der Westküste des Kaps noch Porzellan und ungeöffnete Champagnerflaschen auf versierte Taucher. Nördlich der ›Maori‹ sind unter der Wasseroberfläche noch die Kanonen und der Anker des im Jahr 1698 gesunkenen Versorgungsschiffes ›**Het Huis te Kraaiestein**‹ auszumachen. Nahebei stößt man in 12 m Tiefe auf die Reste des Tankers ›**Antipodes**‹. Durch ein Loch im Maschinenraum gelangt man ins Wrackinnere. Langusten locken hier, doch messerscharfe Kanten mahnen zur Vorsicht.

Das berühmteste Wrack Südafrikas ist das des britischen Truppentransporters ›**HMS Birkenhead**‹, der Ende Februar 1852 vor **Danger Point** auf Grund lief. Mehrmals wurde vergeblich versucht, die angebliche Goldladung im Wert von fast 300 000 Britischen Pfund zu bergen. Wrackreste, Uniformknöpfe und ein Sextant stellen die vergleichsweise magere Ausbeute der Schatzsuche dar.

wreck Museum (6 Independent Street, Tel. 028/424 12 40, Mo–Fr 9–16.30, Sa/So 11–16 Uhr), das in mehreren historischen Gebäuden eindrucksvoll die Geschichte an der nahen Küste gestrandeter Schiffe dokumentiert.

i Praktische Hinweise

Information

Hermanus Tourism Bureau, Mitchell Street, Hermanus, Tel. 028/312 26 29, www.hermanus.co.za

Hotels

*******Grootbos Private Nature Reserve**, P. O. Box 148, Gansbaai, Tel. 028/384 80 00, www.grootbos.com. Unterbringung in luxuriösen Cottages. Tages- und Nachtexkursionen in die Umgebung, Reiten, Vogel- und Walbeobachtung.

*******The Marine**, Marine Drive, Hermanus, Tel. 028/313 10 00, www.marine-hermanus.co.za. Erstes Haus am Platz, auf einem Kliff gelegen, mit britischem Flair und schönem Blick auf die Walker Bay.

******Whale Cottage**, 38 Westcliff Drive , Hermanus, Tel. 021/433 21 00, www.whalecottage.com. Strandhotel mit herrlichem Blick auf die Walker Bay, ideal zur Walbeobachtung.

*****Arniston Hotel**, Arniston Bay, Arniston, Tel. 028/445 90 00, www.arnistonhotel.com. Über dem Meer an der Südspitze Afrikas.

Restaurant

Bientang's Cave, Below Marine Drive Hermanus, Tel. 028/312 34 54. Fischspezialitäten, serviert in der ehem. Wohnhöhle von Bientang.

8 Swellendam

Ein Stück Holland im Kapland.

Gut 220 km östlich von Kapstadt schmiegt sich das malerische Swellendam an die Hänge des *Langeberg-Massivs*. 1745 gegründet, ist es die drittälteste Stadt Südafrikas. 1795 riefen die Bewohner eine eigenständige Republik aus und hielten drei Monate durch, bevor sie sich der neuen britischen Militärführung in Kapstadt unterwarfen. Eine Feuersbrunst im Jahre 1865 sowie eine anhaltende Dürre führten zum wirtschaftlichen Niedergang Swellendams. Dennoch prägen auch heute noch zahlreiche kapholländische Gebäude das Ortsbild.

Sehenswert ist das **Drostdy Museum** (18 Swellengrebel Street, Tel. 028/5141138, Mo–Fr 9–16.45, Sa/So 10–14.45 Uhr, www.drostdymuseum.com), das eine erlesene Sammlung von Möbelstücken des 18./19. Jh. sowie alte Fuhrwerke zeigt. Die Drostdy war bis 1939 Sitz des Friedensrichters. Gegenüber lohnt die **Utamaduni Gallery** (Tel. 028/5143433, tgl. 9–17 Uhr) mit ihrer fantasievoll und heiter präsentierten Sammlung von Antiquitäten, Schmuck und Kunsthandwerk der Region einen Besuch.

Im alten **Oefenings Huis** (›Übungshaus‹) an der Voortrek Street, wo früher die freigelassenen Sklaven den Katechismus büffelten, ist heute das Tourismusbüro untergebracht.

i Praktische Hinweise

Information

Tourism Bureau, Voortrek Street, Swellendam, Tel. 028/5142770, www.swellendamtourism.co.za

Hotels

*******Klippe Rivier Country House**, Klippe Rivier, Swellendam, Tel. 028/5143341, www.klipperivier.com. Das eindrucksvolle kapholländische Wohnhaus aus dem Jahre 1825 diente den ehem. Präsidenten Steyn und Reitz als Wohnsitz.

*****Swellengrebel**, 91 Voortrek Street, Swellendam, Tel. 028/5141144, www.swellengrebelhotel.co.za. Komfortables Haus auf halbem Weg zwischen Kapstadt und der Garden Route.

9 Mossel Bay

Auf den Spuren portugiesischer Entdecker.

Rund 150 Jahre bevor Jan van Riebeeck Kapstadt gründete, landete der portugiesische Seefahrer *Bartolomeu Dias* 1488 in der ›Muschelbucht‹, wo er eine Quelle mit dem dringend benötigten Frischwasser fand. *Vasco da Gama* folgte ihm neun Jahre später auf seinem Weg nach Indien. Da Gama trieb möglicherweise als erster Europäer im südlichen Afrika mit den einheimischen Khoikhoi Handel. Seit 1500 nutzten Seefahrer einen Milkwood-Baum in der Bucht als Postumschlagsplatz (Post Office Tree, s. u.), wenn sie auf der Route

Malerisch schmiegen sich die Häuser von Mossel Bay in die weite Bucht

Seetüchtig: Nachbau der Dias-Karavelle im Bartolomeu Dias Museum Complex

zwischen Europa und Asien hier Halt machten.

Als um 1900 Straußenfedern für Damenhüte weltweit in Mode kamen, erlebte Mossel Bay eine kurze Blüte als Exporthafen. Dem heutigen Besucher präsentiert sich die 35 000-Einwohner-Stadt zwar vorwiegend als *Ferienort* am Meer, unverkennbar sind hier aber auch die Merkmale eines modernen Industriestandortes. Vor allem aus Gründen wirtschaftlicher Autarkie begann das Apartheidregime in den 1980er-Jahren mit der Ausbeutung von Erdgasfeldern vor der Küste. Die Produktion von Öl, Benzin und Diesel aus Gas in *Mossref*, den eindrucksvollen Raffinerieanlagen abseits der Stadt, begann 1991.

TOP TIPP Sehenswert ist in der Market Street der **Bartolomeu Dias Museum Complex** (1 Market Street, Tel. 044/691 10 67, Mo–Fr 9–17, Sa/So 9–16 Uhr, www.diasmuseum.co.za). Hierzu gehören u.a. der *Post Office Tree* sowie die Quelle, der Mossel Bay seine Gründung verdankt. Das Prunkstück des Museums ist jedoch der originalgetreue Nachbau jener *Karavelle*, mit der Diaz 1488 in die Bucht segelte. Und im dazugehörigen *Shell Museum* kann man eine beachtliche Sammlung heimischer Muschelarten bewundern.

Ausflug

Interessant ist der Besuch des etwa 8 km außerhalb Mossel Bays an der Straße nach George gelegenen **Hartenbos Museum** (Majuba Avenue, Tel. 044/695 21 83, Mo–Fr 9–16 Uhr), das anhand von Gebrauchsgegenständen und Mobiliar aus der Zeit des Großen Trek die Lebensumstände der Voortrekker vermittelt.

Praktische Hinweise

Information

Mossel Bay Tourism Bureau, Market Street/Church Street, Mossel Bay, Tel. 044/691 22 02, www.visitmosselbay.co.za

Hotels

******Eight Bells Mountain Inn**, an der R 328 am Fuße des Robinson Passes 32 km von Mossel Bay, Tel. 044/631 00 00, www.eightbells.co.za. Der ehemalige ›outspan‹ der Ochsenwagengespanne in herrlicher Berglandschaft ist heute ein angenehmes Hotel.

*****Protea Hotel**, Church Street/Market Street, Mossel Bay, Tel.044/691 37 38, www.proteahotels.com. Hotel im Bartolomeu Dias Museum Complex. Frühstück mit Meeresblick.

Mossel Bay Guest House, 61 Bruns Road, Mossel Bay, Tel. 044/691 20 00, www.mosselbaygh.co.za. Ruhiges, außerhalb gelegenes Haus mit Blick über die Stadt und gemütlichen, begrünten Innenhöfen.

Restaurant

The Gannet, Bartholomeu Dias Museum Complex, Church Street/Market Street, Mossel Bay, Tel. 044/691 18 85. Spezialisiert auf Meeresfrüchte.

10 George

Freundliches Tor zur Garden Route.

Die rund 165 000 Einwohner zählende Stadt, deren Rhythmus von Handel, Holz- und Landwirtschaft bestimmt wird, eignet sich gut als Ausgangspunkt für die Erkundung der *Garden Route* [s. S. 42], jener beliebten Küstenstrecke, die über mehr als 200 km inmitten einer üppigen Pflanzenwelt immer wieder prächtige Ausblicke auf den Ozean gestattet.

1811 in einer herrlichen Landschaft zu Füßen der *Outeniqua Mountains* gegründet, erhielt der Ort zunächst den Namen *Georgetown* nach König Georg III. von England. Damals dominierte die Holzindustrie, die von den umliegenden Wäldern zehrte. Der Raubbau nahm jedoch solche Ausmaße an, dass die Regierung 1936 einen 200-Jahres-Bann über einheimische Hölzer verhängte. Inzwischen bezieht die örtliche Industrie ihr Holz überwiegend von ausgedehnten Plantagen. Heute entwickelt sich George zunehmend zu einem *Tourismuszentrum*, der 8 km entfernte Flughafen wird von Johannesburg aus regelmäßig angeflogen.

Als erstes Ziel des Stadtrundgangs bietet sich die **Dutch Reformed Church** in der Courtenay Street an, die älteste Kirche von George. Pfeiler und Kuppel sind aus heimischem Yellowwood, während die Kanzel aus Stinkwood geschnitzt ist.

Nordwestlich, an der Abzweigung der York Street, liegt das **George Museum** (Tel. 044/873 53 43, Mo–Fr 8–16.30, Sa 9–13 Uhr), das vor allem durch seine Sammlung erlesener Musikalien, Musikinstrumente, Musikboxen usw. beeindruckt. Sehenswert ist auch der **Sklavenbaum**, eine Eiche aus den frühen Tagen der Stadt, die in der York Street vor dem Gebäude der alten Bibliothek steht, in dem heute das Tourism Office ansässig ist. Ein in den Stamm eingewachsenes Kettenstück erinnert an den Sklavenhandel, der einst hier betrieben wurde.

Eisenbahnliebhaber sollten sich eine Nostalgiefahrt mit dem **Outeniqua Choo-Tjoe** (Tel. 044/801 82 88, www.onlinesources.co.za/chootjoe) nicht entgehen lassen. Die Dampfeisenbahn verkehrt auf einer 1907 fertiggestellten Linie zwischen George und Mossel Bay. Ab dem Ort Glentana windet sich die Strecke entlang malerischer Küstenabschnitte und gestattet atemberaubende Blicke auf den Indischen Ozean. Interessant ist auch das zugehörige **Outeniqua Transport Museum** (2 Mission Street, Tel. 044/801 82 88, Sept.–April Mo–Sa 8–17, Mai–Aug. Mo–Fr 8–16, Sa 8–14 Uhr), das u. a. 13 alte Dampflokomotiven zeigt.

Eine Attraktion für Golfspieler ist der **George Golf Course** (Langenhoven St., Tel. 044/873 61 16, www.georgegolfclub.co.za), einer der bekanntesten Golfplätze Südafrikas in schöner Umgebung.

Die nostalgische Dampfeisenbahn Outeniqua Choo-Tjoe auf ihrer Fahrt nach Mossel Bay

Die Garden Route

Die Garden Route ist eines der touristischen Highlights des Landes. Die klassische Garden Route verläuft entlang der Küste von Mossel Bay bis zur Mündung des Storm River und ist etwa 200 km lang. Gern wird heute aber auch der ca. 750 km lange Küstenstreifen von Kapstadt bis Port Elizabeth dazugezählt.

Ihren Namen verdankt die Garden Route der vielfältigen und wunderschönen Küstenlandschaft, durch die sie führt: Malerische Bergketten, steile Felsen, lange, weiße Sandstrände und üppige tropische Vegetation prägen die Naturkulisse mit Blick auf das Meer. Als die ersten Siedler in diese fruchtbare Gegend kamen, sollen sie sie als wahren Garten Eden bezeichnet haben.

Zu den Hauptattraktionen der Garden Route zählen die Tsitsikamma Area [Nr. 21], die Straußenfarmen nahe Oudtshoorn [Nr. 13] und die Lagunen von Knysna [Nr. 11]. Beliebte Ferienorte sind George [Nr. 10], Mossel Bay [Nr. 9] und Plettenberg Bay [Nr. 12] mit seinen einladenden kilometerlangen Stränden.

Ausflug

Auf der N 2 entlang der Garden Route nach Osten führt die Strecke an herrlichen Badebuchten und Surfstränden (Victoria Bay) vorbei nach *Wilderness*. Dieses beliebte Seebad verfügt über weite Strände, eine Lagune und die heute zum Garden Route National Park (s. S. 57) gehörende **Wilderness Area**, die mehrere Seen und einen Fluss umfasst. Die Landschaft bietet hier vielfältige Vegetation vom Regenwald bis zum Dünengras.

i Praktische Hinweise

Information

George Tourism Office, 124 York Street, George, Tel. 044/801 92 95, www.george.co.za

Hotels

******Far Hills Country Hotel**, N 2 National Road, George, Richtung Wilderness, Tel. 044/889 00 00. www.farhillscountryhotel.co.za. In herrlicher Umgebung an der Garden Route.

****Hawthorndene Country Inn**, C. J. Langenhoven Street, George, Tel. 044/874 41 60, www.hawthorndene.co.za. Ruhiges Haus mit freundlichem Service und guter Küche.

Oak Tree Bed & Breakfast, 30 Caledon Street, George, Tel. 044/874 59 31, www.wheretostay.co.za/oaktreebnb. Restauriertes viktorianisches Haus mit schönem Garten. Restaurants und Geschäfte der Stadt sind zu Fuß erreichbar.

11 Knysna

Auf den Spuren von Goldrausch, uralten Regenwäldern und Elefanten.

Das populäre Seebad Knysna (gespr. naisna) liegt zwischen uralten Wäldern und einer 21 ha großen Lagune am Indischen Ozean. Die Bedeutung des Ortsnamens, der aus der Sprache der Khoikhoi stammt, ist unklar. Unter Berücksichtigung der zwei Felsen, die an der Hafeneinfahrt stehen, könnte er ›steil hinunter‹ bedeuten, aber auch mit ›Farnblätter‹ bzw. ›Ort des Holzes‹ übersetzt werden.

Im Jahre 1876 wurde in den Wäldern um Knysna Gold gefunden, was zu einem regelrechten Goldrausch in dem benachbarten Ort Millwood führte. Um 1888 boten die Minencamps dort fast 1000 Goldgräbern Unterkunft, es gab sechs Hotels und drei Zeitungen. Nach der Entdeckung der Goldvorkommen am Witwatersrand in Transvaal 1886 zogen die meisten Schürfer jedoch dorthin. Die Goldminen um Knysna wurden 1924 geschlossen, jetzt erinnern nur noch überwucherte Stolleneingänge und rostige Maschinenteile an die einstige Bonanza. Mit seinen 35 000 Einwohnern ist Knysna heute ein Zentrum der Möbelindustrie und des Schiffbaus. Auch mit der Austernzucht hat sich das Städtchen einen Namen gemacht.

Aus der Zeit des Goldrauschs stammt das **Millwood House**, ein typisches Gebäude der 1880er-Jahre, das ursprünglich in dem 32 km entfernten Minenort stand. Nach dessen Bedeutungsverlust wurde es zerlegt und in Knysna als **Knysna Museum** (Tel. 044/302 63 20, Mo–Fr 9.30–16.30, Sa 9.30–12.30 Uhr) wieder aufgebaut. Die Exponate vermitteln einen lebendigen Eindruck vom einstigen Goldgräberleben in Millwood. Das Museum widmet sich außerdem der Geschichte Knysnas und der örtlichen Holzindustrie.

Von den Felsen ›The Heads‹ zeigt sich die Lagune von Knysna in ihrer ganzen Pracht

Austerngourmets besuchen die **Knysna Oyster Company** (Long Street, Tel. 044/3826941, www.knysnaoysters.co.za, Mo–Sa 11–20, So 9–17 Uhr) auf *Thesen Island* im Zentrum der Knysna-Lagune. In dem Restaurant der Austernfarm kann man die frischen Meeresfrüchte bei Bier und Wein genießen.

Ein großartiger Ausblick über die Knysna-Lagune und den Ort bietet sich vom Gipfel des östlichen der beiden *The Heads* genannten Sandsteinkliffs. Man erreicht sie über die N 2 auf der Abfahrt zum George Rex Drive. Zu Füßen der Felsen liegt die große **Knysna-Lagune**. Sie ist die Heimat zahlreicher Fischarten und Austern sowie des seltenen Seepferdchens ›hippocampus capensis‹. *Bootsfahrten* führen zu den Sandsteinfelsen sowie zum *Featherbed Nature Reserve* (Western Head, Tel. 044/3821693, www.featherbed.co.za, tgl. 8–18 Uhr).

Ausflüge

Zu den alten Goldminen von **Millwood** gelangt man auf der N 2, die ca. 2 km westlich von Knysna über die Lagunenbrücke führt. Dort biegt man nordwärts ins Inland ab. Über Rheenendal und die Gouldveld Forest Station erreicht man schließlich Jubilee Creek und Millwood. Als einzige Spuren der Goldgräberzeit erwarten den Besucher *Grabungsreste* sowie ein 160 m langer *Tunnel*. Auf dem aufgelassenen Friedhof finden sich die Gräber von etwa 100 Menschen.

Knysna ist undenkbar ohne den berühmten **Knysna Forest**. Das von dichten Wäldern und Regenwäldern bedeckte Gebiet zwischen Knysna und Plettenberg Bay ist das größte dieser Art in Südafrika. Hier ist die Heimat des Hartholzbaums *Yellowwood*, der bis zu 60 m Höhe erreichen kann und dessen Bestände teils 700 Jahre alt sind. Nachdem in der Ära der Minenindustrie und des Eisenbahnbaus der Yellowwood nahezu ausgerottet worden war, stehen heute alle vier südafrikanischen Arten dieses Baumes unter strengem Schutz. Auf *Wanderwegen* lassen sich die beeindruckenden Wälder von Knysna mit ihren Urwaldriesen, Schlingpflanzen und Farnen wunderbar erschließen.

Verlässt man die Stadt ostwärts und biegt in die R 339 Richtung Uniondale ein, gelangt man nach 17 km an den Picknickplatz von *Diepwalle*, wo der ca. 600 Jahre alte **King Edward VII. Yellowwood** mit einem Kronendurchmesser von 24 m und einem Stammumfang von 6 m zu bewundern ist. Ein Stück nördlich der Diepwalle Forest Station beginnen die drei **Elephant Walks**, die eine Länge von 19,5 km haben. In dieser Gegend sollen gelegentlich die selten gewordenen Knysna-Elefanten auftauchen, doch die Chance, sie zu Gesicht zu bekommen, ist gering.

Nördlich von Diepwalle lohnt ein Besuch des **Valley of Ferns**. Riesige Farne wachsen in diesem Abschnitt des Knysna-Regenwaldes. In Richtung Westen zweigt hier eine geschotterte Piste nach *Spitskop* ab, wo sich auf 830 m Höhe ein imposanter Rundblick von den Outeniqua Mountains bis zu den Sandsteinkliffs The Heads an der Lagune eröffnet.

Sandstrand bis zum Horizont in Plettenberg Bay

Praktische Hinweise

Information

Knysna Tourism, 40 Main Street, Knysna, Tel. 044/382 55 10, www.tourismknysna.co.za

Hotels

******Belvidere Manor**, Belvidere Estate, Duthie Drive, Knysna, Tel. 044/387 10 55, www.belvidere.co.za. Etwas außerhalb Richtung Kapstadt gelegenes Hotel. Man wohnt in Cottages in einer parkähnlichen Anlage an der Lagune.

******Falcons View Manor**, 2 Thesen Hill, Knysna, Tel. 044/382 67 67, www.falconsview.com. Elegantes Hotel auf dem Thesen Hill mit schönem Blick über Stadt, Lagune und Ozean.

Beauchamp Place, 150 Old Cape Road, Knysna, Tel. 044/382 16 53, www.beauchampplace.co.za. Komfortabel ausgestattete Zimmer mit Blick auf die Lagune.

12 Plettenberg Bay

TOP TIPP *Traumhafte Bucht mit endlosen Stränden und einer ehemaligen norwegischen Walfangstation.*

Mit seinen rund 10 km langen Sandstränden hat sich der 20 000 Einwohner zählende Badeort zum Zentrum der südafrikanischen Küste entwickelt. Von den Portugiesen im 15. Jh. *Bahia Formosa* (›schöne Bucht‹) genannt, erhielt der Ort 1779 seinen heutigen Namen von dem holländischen Gouverneur *Joachim von Plettenberg*. Von 1910 bis 1916 unterhielten Norweger in ›Plett‹ eine Walfangstation. Heute ziehen die zwischen Juli und September vor der Küste auftauchenden Riesensäuger viele Touristen an.

Abgesehen von den endlosen Stränden lädt das **Robberg Nature Reserve** (www.capenature.org.za, Dez./Jan. tgl. 7–20, Febr.–Nov. tgl. 7–17 Uhr) zu einem Besuch ein. Es liegt auf einer Sandsteinhalbinsel 9 km südöstlich von Plettenberg Bay. Eine Hauptattraktion des Naturreservats ist die Robbenkolonie. Außerdem befindet sich hier eine große *Höhle*, die vermutlich von Steinzeitmenschen bewohnt wurde. Man kann das Naturreservat auf mehreren Rundwanderwegen erkunden. Auch *Schnorcheln* und *Angeln* erfreuen sich großer Beliebtheit.

Praktische Hinweise

Information

Plettenberg Bay Tourism Centre, Mellville's Corner, Main Street, Plettenberg Bay, Tel. 044/533 40 65, www.plettenbergbay.co.za

Hotels

*******The Plettenberg**, 40 Church Street, Plettenberg Bay, Tel. 044/533 20 30, www.plettenberg.com. Traditionsreiches Landhotel mit herrlichem Blick auf die Bucht.

A Whale of a View, 2 Zennon Street, Plettenberg Bay, Tel. 044/533 58 28, www.whaleviews.co.za. Walbeobachtung von der Hotelterrasse aus.

Restaurants

Blue Bay Café, Main Street, Plettenberg Bay, Tel. 044/533 13 90. Gemütliches Restaurant im Stadtzentrum. Brunch, Lunch und Dinner (Mo abends, Sa vormittags geschl.).

The Med Seafood Bistro, Village Square, Main Street, Plettenberg Bay, Tel. 044/533 31 02. Meeresfrüchte frisch und fein (So geschl.).

13 Oudtshoorn

Strauße, Strauße, nichts als Strauße.

Die Anfänge des heute 60 000 Einwohner zählenden Zentrums der *Kleinen Karoo* reichen in das Jahr 1847 zurück, doch die Stadtgründung erfolgte erst im Jahre 1863. Namensgeber war der designierte Kapgouverneur *Pieter Reede van Oudtshoorn*, der 1773 auf See verstorben war. Da seit den 1880er-Jahren Straußenfedern in der Damenmode eine große Rolle spielten, entwickelte sich der Ort dank seines trockenen Klimas zum Weltzentrum der **Straußenzucht**. Zu Beginn des Ersten Weltkrieges lebten etwa 750 000 dieser Großvögel in der Region, die etwa 500 t Federn lieferten und jährlich 3 Mio. Britische Pfund Gewinn einbrachten. Die Federnindustrie führte auch zahlreiche jüdische Einwanderer in die Stadt, die zeitweilig sogar *Klein-Jerusalem* genannt wurde. Um 1900 lebten hier etwa 300 jüdische Familien. Der Erste Weltkrieg brachte die Straußenwirtschaft mit einem Schlag zum Zusammenbruch, da sich Europa unter dem Eindruck des Kriegsgeschehens von der extravaganten, kostspieligen Federnmode abwandte. Neuerdings gewinnt die Straußenzucht wieder an Bedeutung. Heute wird vor allem das fett- und cholesterinarme Fleisch exportiert.

Aus der Zeit des Federnbooms haben sich noch einige so genannte Federnpaläste erhalten, Villen von Farmern, die damals praktisch über Nacht reich geworden waren. **Pinehurst** (St. John Street) ist ein solcher Palast. Die noble zweistöckige Villa wurde 1911 im späten viktorianischen Baustil für die Kaufmannsfamilie Edmeades errichtet. Die harmonisch gestaltete Fassade besteht aus fünf klaren Abschnitten und verschiedenen einheimischen Sandsteinarten. Bekrönt wird der Bau durch die pyramidenförmigen Dächer der Vorbauten und den kleinen Turm des Mittelbaus. Heute befindet sich hier ein Jugendwohnheim. **Welgeluk** ist ein weiterer Federnpalast. Er wurde um 1910 erbaut und ist eines der schönsten erhaltenen Gebäude seiner Zeit. Die Fassade besteht vorwiegend aus dem leicht rötlichen Sandstein der nahen Swartberge. Das riesige Dach, der mächtige Giebel, die Veranda und der Turm bilden ein schönes architektonisches Gesamtbild. Das Haus ist Teil der **Safari Ostrich Show Farm** (Tel. 044/272 73 11, www.safariostrich.co.za, tgl. 7.30–17 Uhr) auf der Besucher sich über die schwierige Aufzucht der Strauße informieren können. Mutige dürfen sich für ein Foto auf einen Strauß setzen oder mit ihm über die Farm reiten, abschließend findet dann ein Straußenrennen mit Jockeys statt. Ein ähliches Programm bietet die ebenfalls auf touristische Belange zugeschnittene **Highgate Ostrich Farm** (5 km südwestlich von Oudtshoorn, Tel. 044/272 71 15, www.highgate.co.za, tgl. 7.30–17 Uhr).

Als architektonisches Juwel in einer inzwischen von modernen Bauten domi-

Edles Federvieh auf den Straußenfarmen von Oudtshoorn

Spektakuläre Beleuchtungseffekte verstärken die Wirkung der gigantischen Tropfsteinformationen in den Cango Caves bei Oudtshoorn

nierten Stadt lohnt das **Arbeidsgenot Museum** (›Arbeitsgenuss‹, 217 Jan van Riebeeck Road, Tel. 044/2722968, www.cjlangenhoven.co.za, Mo–Fr 9.30–13 und 14–17 Uhr) einen Besuch. Das Wohnhaus des afrikaansen Dichters *C. J. Langenhoven*, der 1918 die alte Nationalhymne ›Die Stem‹ komponiert hat, erinnert heute an den Nationalhelden.

Das **C. P. Nel Museum** (3 Baron van Rheede Street, Tel. 044/2727306, www.cpnelmuseum.co.za, Mo–Fr 8–17, Sa/So 9–17 Uhr) ist in einem typischen Sandsteingebäude aus der Zeit des Federnbooms untergebracht. Im Mittelpunkt der Sammlung steht die Straußenwirtschaft, daneben informiert das Museum über den Lebensstil der Farmer um die Wende zum 20. Jh. und die örtliche jüdische Kultur.

Ausflüge

3 km nördlich der Stadt befindet sich die **Cango Wildlife Ranch** (Tel. 044/2725593, Touren tgl. 8–16.30 Uhr, www.cango.co.za). Ursprünglich als Krokodilfarm erworben, liegt der Mittelpunkt der Rancharbeit heute auf der Züchtung gefährdeter Tierarten. Die Ranch beherbergt Jaguar, Geparden, Löwen, bengalische Tiger, Schlangen, Kängurus, Emus, Erdmännchen und natürlich Krokodile, denen man beim Croc Cage Diving in einem Käfig unter Wasser ganz nahe kommen kann.

Nach weiteren 26 km auf der Straße R 328 erreicht man die **Cango Caves** (Tel. 044/2727410, www.cango-caves.co.za, Führungen tgl. 9–16 Uhr), die eine der bedeutendsten Attraktionen im Lande darstellen. Die zugänglichen Höhlenteile erstrecken sich über ca. 760 m und beeindrucken durch gewaltige *Tropfsteinformationen*. Den Eingang zu den einst von San [s. S. 47] bewohnten Höhlen entdeckte ein Farmer im Jahre 1780. 1972 fanden Höhlenforscher dann die 260 m lange Höhle *Cango 2* und schließlich 1975 *Cango 3* mit imponierenden 1600 m Länge, die beide jedoch noch nicht zu besichtigen sind.

i Praktische Hinweise

Information

Oudtshoorn Visitor's Bureau, Baron van Reede Street, Oudtshoorn, Tel. 044/2792532, www.oudtshoorninfo.com

Hotels

******De Opstal Country Lodge**, Schoemanshoek, 12 km außerhalb in Richtung Cango-Höhlen, Tel. 044/2792954, www.deopstal.co.za. Umgebaute Farm im lieblichen Tal von Schoemanshoek. Lokale Küche, Steaks und vegetarische Kost.

******Queens**, Baron van Reede Street, Oudtshoorn, Tel. 044/2722101, www.queenshotel.co.za. Geschmackvoll restauriertes, historisches Haus im Zentrum.

Shades of Africa, 238 van Riebeeck Road, Oudtshoorn, Tel. 044/2726430, www.shades.co.za. Moderner Bau, im afrikanischen Stil eingerichtet. Restaurant, Tennis, Golf und Squash nahebei.

Restaurant

Godfather, 61 Voortrekker Street, Oudtshoorn, Tel. 044/2725404. Pizza und Pasta zu vernünftigen Preisen, Wild- und Straußensteaks.

14 Clanwilliam, Wuppertal und Bushmans Kloof

Die Heimat des Rooibos-Tees.

Rund 240 km nördlich von Kapstadt an der N 7 erreicht man die Ortschaft **Clanwilliam**, ein Zentrum der Landwirtschaft, vor allem für Zitrusfrüchte, Gemüse, Getreide und Tabak. Aus Clanwilliam stammt auch eine südafrikanische Spezialität – der *Rooibos-Tee* (›Rotbusch‹). *Benjamin Ginsberg*, ein russischer Einwanderer, vermarktete Anfang des 20. Jh.

erstmals Rooibos, der heute hier in Plantagen angebaut wird. 3000 t Teeblätter – tanninfrei und reich an Vitamin C – werden jährlich verarbeitet und teils exportiert.

Etwa 70 km südöstlich von Clanwilliam vermittelt **Wuppertal** an den Ufern des Tra Tra River einen Eindruck von einer deutschen Missionsstation in Südafrika. Besonders im Frühjahr lohnt sich ein Besuch dieser Gegend, wenn die Landschaft mit wahren Blumenteppichen bedeckt ist. Begehrt sind die im Ort handgefertigten *Veldskoene* (›Feldschuhe‹), robuste und durchaus ansehnliche Wanderstiefel für das ›veld‹.

Etwa 30 km östlich von Clanwilliam an der R 364 liegt das mit einigen luxuriösen Unterkünften ausgestattete private Naturschutzgebiet **Bushmans Kloof** (s. u.), das auf einem früheren Farmgelände inmitten der renaturalisierten Vegetation rund 125 Felsen mit alten *Zeichnungen* der San [s. S. 47] zeigt, die im Rahmen geführter Touren zu besichtigen sind. Außerdem werden Wildtiersichtungen, Wanderungen, Kanutouren und vieles mehr angeboten. Die Aktivitäten sind allerdings immer mit Übernachtung auf dem Gelände verbunden, Tagestouren sind nicht möglich.

i Praktische Hinweise

Information

Information Centre, Main Street, Clanwilliam, Tel. 027/482 20 24, www.clanwilliam.info

Hotels

*******Bushmans Kloof**, 30 km östlich von Clanwilliam an der R 364, Tel. 021/481 18 60, www.bushmanskloof.co.za. Spa und Wellness, großzügige Zimmer, eine köstliche Küche und viele Freizeitangebote im Naturreservat.

Ndedema Lodge, 48 Park Street, Clanwilliam, Tel. 027/482 13 14, www.ndedemalodge.co.za. Viktorianisches Haus mit vier individuell eingerichteten Schlafzimmern und Garten mit Pool.

Restaurant

Reinhold's Restaurant, Main Road, Clanwilliam, Tel. 027/482 11 01. Gutes Abendrestaurant in restauriertem viktorianischen Haus. Reservierung empfohlen.

Die San und ihre Kunst

Die meist San genannten Buschmänner sind die eigentlichen **Ureinwohner** Südafrikas und nach Ansicht von Paläontologen die älteste noch lebende Spezies des Homo sapiens. Heute leben einige Zehntausend San vorwiegend in Botswana, Namibia und Südafrika. Dieses **Nomadenvolk**, das immer noch mit der Natur und ihren Ressourcen in Einklang lebt, ist im Laufe der Jahrhunderte drastisch dezimiert worden. Vor etwa 2000 Jahren wurden die San von den Khoikhoi verjagt, später von schwarzen Völkern und Europäern bedrängt. Mit Recht kann man diese Menschen echte Ökologen nennen: Sie entnahmen der Natur nie mehr, als sie zum Lebensunterhalt brauchten, westliches Besitzstreben war ihnen fremd.

Der bekannte südafrikanische Regisseur **James Uys** bringt in dem Film ›Die Götter müssen verrückt sein‹ (1982) die Lebens- und Denkweise der San auf den Punkt. Hauptakteur ist eine Cola-Flasche, die plötzlich im Busch auftaucht und dabei nichts als Verwirrung, Egoismus und Streit stiftet. Die Lösung des Konflikts ist einfach: Der Chief der Gruppe macht sich auf, um die Flasche ans ›Ende der Welt‹ zu bringen, wo er sie in eine Schlucht wirft – und die Welt der San ist wieder in Ordnung.

Fast über ganz Südafrika verstreute **Felsmalereien** (Rock Art) sind stumme Zeugen dieses künstlerisch so talentierten Volkes. Einige Jagdszenen sind so abstrakt, dass sie an Meisterwerke der Moderne erinnern. Rock Art findet sich in Höhlen und an Felsüberhängen, dabei sind die ältesten Funde weit über 20 000 Jahre alt. **Bushmans Kloof** (s. o.) bei Cedarberg vereinigt auf einem ehem. Farmgelände eine dichte Konzentration von Malereien.

Nord-Kap – rote Dünen, bunte Blütenmeere und Diamantenschätze

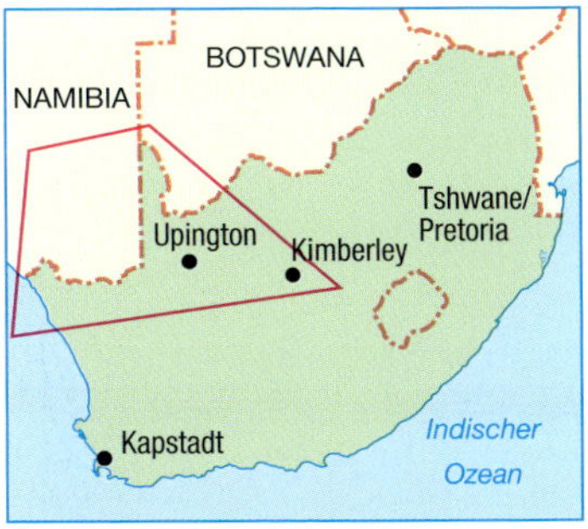

Vom Tourismus noch weitgehend unberührt, bietet das staubtrockene Nord-Kap vor allem dem *Naturliebhaber* unvergessliche Impressionen: Einsame Küstenstriche am Atlantik, in den bei *Alexander Bay* der Oranje manche Million in Gestalt alluvialer *Diamanten* spült, das wilde **Richtersveld**, dessen Pflanzenvielfalt nicht nur Botaniker begeistert, sowie die roten Sandwüsten der **Kalahari** mit dem *Kgalagadi Transfrontier Park* sind nur einige der landschaftlichen Höhepunkte dieser Provinz. Spannend sind auch **Kimberleys** Diamantenminen, mit denen gegen Ende des 19. Jh. Südafrikas Aufstieg zum großen Diamantenlieferer des Britischen Empire begann.

15 Namaqualand

TOP TIPP *Im Frühjahr ist diese Diamantenregion ein einziger farbenfroher Blütenteppich.*

Das 50 000 km² große Namaqualand ist gleichbedeutend mit *Blütenpracht*. Nach kurzen Regenschauern verwandelt sich die Halbwüste der Region in ein Meer leuchtender Blumen. Ausgangspunkte für Erkundungsfahrten sind z. B. die Orte *Garies*, *Kamieskroon*, *Springbok* und *Port Nolloth*. An sonnigen Tagen im Frühjahr, also in der Zeit zwischen Anfang August bis Mitte September, erreicht die Farbenpracht der Pflanzen zwischen 11 und 16 Uhr ihre größte Intensität.

Von Springbok führt die N 7 etwa 60 km nach Norden zu dem Dörfchen *Steinkopf*. Hier zweigt nach Westen die R 382 zu dem 93 km entfernten Atlantikhafen Port Nolloth ab. Kurz hinter Steinkopf genießt man von der Höhe des *Aninaus Pass* einen herrlichen Rundblick. In **Port Nolloth**, einem Zentrum der Diamantenförderung und dem einzigen Ferienort an der Diamantenküste, flanieren Urlauber am Strand entlang und genießen den Blick auf Fischerboote und Diamantenbagger.

◁ *Zauber der Natur – im Frühling zeigt sich die Landschaft von Namaqualand in einzigartigem Farbenrausch*

Die 60 km nördlich gelegene Hochsicherheitsregion von **Alexander Bay**, wo Diamanten in der Mündung des Oranje gefördert werden, darf nur mit einer Sondergenehmigung besichtigt werden. *De Beers* bietet regelmäßig geführte Touren in das Gebiet der Diamantenküste an. Besonders spannend ist die Besichtigung einer arbeitenden **Diamantenmine** (Tel. 027/877 00 28, www.coastofdiamonds.co.za, Fr 8 Uhr, Dauer ca. 4 Stunden, andere Termine auf Anfrage, Buchung im Voraus notwendig, Pass mitbringen, nicht für Kinder unter 16 Jahren und Schwangere). Im zugehörigen *Kleinzee Museum* erfährt man zudem alles Wissenswerte zur Geschichte und Technik des Diamantenabbaus. Auch Ausflüge mit Allradfahrzeugen in die vogelreichen Dünenlandschaften und zu Schiffswracks entlang der Diamond Coast werden angeboten (Tel. 027/877 00 28, www.coastofdimonds.co.za).

i Praktische Hinweise

Information

Information Centre, Vortrekker Street, Springbok, Tel. 027/712 80 35, www.northerncape.org.za. Aktuelle Infos über die jeweils schönsten Blumengebiete unter Tel. 083/910 10 28.

Hotels

******Daisy Country Lodge**, 25 Biesjesfontein, Springbok, Tel. 027/712 33 35, www.

daisylodge.co.za. Ruhig gelegenes und liebevoll gestaltetes Hotel.

*****Masonic Hotel**, 3 van Riebeeck Street, Springbok, Tel. 027/712 15 05, www.jcbotha.co.za. Geschmackvoll eingerichtetes Haus, zentral gelegen.

Oben: *Überlebenskünstler: Köcherbäume und Sukkulenten entfalten ihre Pracht in der Dürre des Richtersveld National Park*
Unten: *Hinreißendes Naturspektakel – mit gewaltigen Wassermassen stürzen die Augrabies Falls laut donnernd 60 m in die Tiefe*

16 Ai-Ais/Richtersveld Transfrontier National Park

TOP TIPP *Knochentrockene Natur von bizarrer Gestalt – eine wahre Fundgrube für Sukkulentenfans.*

Im äußersten Nordwesten der Provinz erstreckt sich über eine Fläche von rund 5000 km^2 der Ai-Ais/Richtersveld Transfrontier National Park, eine Mondlandschaft aus wilden Felsformationen und grandiosen Gebirgsketten. Wanderer dürfen sich nur in Begleitung eines Führers auf den Weg machen. Wer sich motorisiert fortbewegen will, ist nur mit einem Fahrzeug mit Allradantrieb und ausreichend großer Bodenfreiheit entsprechend gerüstet.

Praktische Hinweise

Information

Ai-Ais/Richtersveld Transfrontier National Park, Tel. 027/831 15 06, zentrale Reservierung: Tel. 012/428 91 11, www.sanparks.org/parks/richtersveld

17 Augrabies Falls National Park

Imposanter Canyon mit tosendem Wasserfall in einsamer Halbwüste.

Rund 340 km östlich von Springbok und 120 km westlich von Upington im Namaqualand stürzt der Oranje fast 60 m tief in die gigantische Augrabiesschlucht. Die hier lebenden Korana Khoikhoi wussten, warum sie dem Fluss an dieser Stelle den Namen ›akurabis‹ gaben, denn er bedeutet in ihrer Sprache ›Wasser, das donnert‹. Die *Wasserfälle* zählen zu den zehn größten der Erde. In der Regenzeit bricht der Oranje in 19 Kaskaden in die Tiefe, sein Wasservolumen ist dann größer als jenes der berühmten Victoria Falls.

Dieses Naturwunder ist seit 1966 Herzstück des 820 km^2 großen Augrabies Falls National Park, der auch die Heimat von *Kudus, Springböcken, Meerkatzen* und *Pavianen* ist. Zu den verschiedenen Unterkunftsmöglichkeiten gehören auch moderne *Cottages*. Im *Rest Camp* gibt es darüber hinaus ein Restaurant und Schwimmbäder.

Halbmänner – Legende einer Pflanze

Typisch für die Flora des Richtersveld sind die **Half-men**, eine Sukkulentenart. In Jahren strenger Dürre werfen die Pflanzen ihre Blätter ab – an den Stämmen bleiben nur die Köpfe übrig, die sich immer nach Norden ausrichten.

Das Volk der **Nama** hat dafür eine bemerkenswerte Erklärung: Als ihre Ahnen in grauer Vorzeit aus Namibia über den Oranje in das Richtersveld abgedrängt wurden, schauten sich einige von ihnen nach Norden um und erstarrten – ähnlich wie Lots Frau im Alten Testament –, allerdings in diesem Fall zu Bäumen.

i Praktische Hinweise

Information

Augrabies Falls National Park, Tel. 054/452 92 00, zentrale Reservierung: Tel. 012/428 91 11, www.sanparks.org/parks/augrabies

Herbe Schönheit – die unendlich scheinende Halbwüste des Kgalagadi Transfrontier Park mit ihren roten Sanddünen besitzt einen eigenen, faszinierenden Reiz

18 Kgalagadi Transfrontier Park

TOP TIPP *Funkelnder Sternenhimmel über weitem Wüstensand – Heimat von Springböcken und Löwen.*

Der Kgalagadi Transfrontier Park ist mit mit 38 000 km^2 der größte Nationalpark im südlichen Afrika. Er entstand aus dem südafrikanischen *Kalahari Gemsbok National Park* und dem *Gemsbok National Park* in Botswana. Nicht nur, dass dieser grenzübergreifende Zusammenschluss Einwohnern und Touristen das Kreuzen der Staatsgrenzen vereinfacht, auch die Gems- und Springböcke, die Antilopen und Löwen können sich in dieser Region fantastischer **roter Sanddünen** ungehindert bewegen. Durch das unwegsame Gebiet verlaufen einige wenige Pfade bis in den botswanischen *Moremi National* Park hinein, die mit einem geländegängigen Fahrzeug befahrbar sind.

Prächtige Schattenspenderin: die mehr als 1000 m lange Date Palm Avenue in Upington

Praktische Hinweise

Information

Kgalagadi Transfrontier Park, Tel. 054/561 20 00, zentrale Reservierung: Tel. 012/428 91 11, www.sanparks.org/parks/kgalagadi/

19 Upington

Hier steht eine der längsten Dattelpalmenalleen der Welt.

Die aus einer *Missionsstation* um 1870 entstandene Stadt Upington (55 000 Einw.) am Oranje ist landwirtschaftliches und touristisches Zentrum des Nordwestens.

Benannt ist die Siedlung nach dem ehem. Premierminister der Kapkolonie, *Sir Thomas Upington*, der sich große Anerkennung durch die Vertreibung von Banditen erworben hatte. Die Siedler machten sich die Fruchtbarkeit des Oranjetales zunutze, installierten Bewässerungssysteme und kultivierten das Umland. Viele der von Hand geschaffenen Wasserkanäle sind heute noch zu sehen. Die Pionierzeit Upingtons aus der Sicht der Weißen dokumentiert das **Kalahari Oranje Museum** (4 Schröder Street, Tel. 054/332 60 64, Mo–Fr 8–17.30), dessen Gebäude 1875 als Kirche und Missionsstation errichtet wurden. Ein *Esel-Denkmal* ehrt das geduldige Tier, mit dessen Hilfe die Farmer die Bewässerung betrieben haben.

Im Industriegebiet der Stadt lädt die **Orange River Wine Cellars Cooperative** (Tel. 054/337 88 00, www.orangeriverwines.com, Weinprobe: Mo–Fr 8–16.30, Sa 9–11.30 Uhr, Kellertour: Jan.–März 9, 11 und 15 Uhr) zu einer *Weinprobe* und einer Tour durch die *Weinkeller* ein, die die Kooperative zu einer der größten des Landes machen.

Eine Sehenswürdigkeit besonderer Art ist die **South African Dried Fruit Cooperative** (Tel. 054/833 02 36, Mo–Fr 8–12.45 und 14.30–17 Uhr) an der Groblershoop Road südostlich von Upington: Hier wird die gesamte Sultaninenproduktion Südafrikas für den Export verarbeitet und verpackt. Auf Führungen durch den Betrieb lässt sich die ›Bewältigung‹ von 250 t Sultaninen pro Tag bestaunen.

TOP TIPP Anschließend kann man zur **Date Palm Avenue** fahren, einer in Südafrika einzigartigen Dattelpalmenallee mit 1 km Länge. Sie liegt auf dem Weg zum **Olyvenhout Island**, das am Ostufer des Orange River unweit der Stadt liegt.

Von der Traube zur Trockenfrucht – unter der Sonne Upingtons reifen sämtliche Sultaninen des Landes heran

Praktische Hinweise

Information

Tourist Information, Kalahari Oranje Museum Complex, Schröder Street, Upington, Tel. 054/332 60 64, www.northerncape.org.za

Hotel

*****La Boheme Guesthouse**, 172 Groenpuntroad, Keidebees, Upington Tel. 054/338 06 60, www.laboheme.co.za. Ruhig und etwas außerhalb der Stadt gelegen, eine luxuriöse Oase am Rande der Kalahari.

20 Kimberley

Diamanten begründeten den enormen Reichtum der Stadt.

Die heute etwa 170 000 Einwohner zählende Stadt ist Südafrikas einstige *Diamantenmetropole*. Sie entstand im späten 19. Jh. um das *Big Hole*, die größte je von Menschenhand geschaffene Tagebaumine. Die ersten Steine wurden in diesem Gebiet 1866 gefunden, bald darauf betrug der Wert der jährlichen Ausbeute 3 Mio. Britische Pfund. 1871 entdeckte man schließlich auf der Farm Vooruitzicht, die dem Brüderpaar *De Beer* gehörte, ebenfalls Diamanten. Die Kunde

Ein Prost auf die alten Minentage – die rekonstruierte Diggers Rest Bar im Kimberley Mine Museum and Big Hole erinnert an die Glanzzeit des Diamantenbooms

von dem Fund verbreitete sich rasch und rund 30 000 Digger strömten herbei, die in der Folge zur Entstehung Kimberleys entscheidend beitrugen.

Man begann damit, *Claims* (Grubenfelder) abzustecken und formale Besitztitel zu verkaufen. Das war die Stunde der *Randlords*, jener Bankiers und Minenmagnaten, die mit ihrem Kapital zunächst in Kimberley Diamantenclaims und später am Witwatersrand (the Rand) – daher auch ihr Name – bei Johannesburg Goldclaims kontrollierten. Die führenden Minenbesitzer in Kimberley waren *Cecil John Rhodes*, *Barney Barnato* und *Alfred Beit*, ein gebürtiger Hamburger, der mit 22 Jahren bereits Millionär war.

Im Jahre 1888 gründete Rhodes' das noch heute existierende Diamantenunternehmen *De Beers*, indem er die Minengesellschaft seines Konkurrenten Barnato aufkaufte. Bezahlt wurde der Deal mit einer der höchsten Summen, die damals einen Scheck geziert haben dürften: Das Papier mit dem Betrag von 5 338 650 Britischen Pfund hängt heute im Sitzungssaal von De Beers in Kimberley.

Zu Beginn des 20. Jh. erweiterte die Minengesellschaft De Beers unter der Führung des aus Friedberg in Hessen stammenden *Ernest Oppenheimer* ihren Besitz an Minen im Raum von Kimberley erneut, sodass nur noch wenige Privatminen in dieser Gegend tätig waren. Heute gehen die Minen von Kimberley allerdings ihrer Erschöpfung entgegen, Südafrikas Diamantenreichtum liegt jetzt ganz im Norden am Limpopo und an der Oranjemündung in der Nähe von Alexander Bay.

Mindestens einen halben Tag sollte man für den Besuch des Freilichtmuseums **Kimberley Mine Museum and Big Hole** (Tucker Street, Tel. 053/830 44 17, www.thebighole.co.za, tgl. 8–17 Uhr, Vor-

Das gigantische Big Hole in Kimberley wirkt fast wie ein Vulkankrater ▷

anmeldung erwünscht) einplanen. Die Anlage rekonstruiert Kimberley in seinen viktorianischen Glanztagen während des Diamantenbooms. Dazu gehören Geschäfte, Saloons, eine Digger-Taverne, eine Kirche, Barney Barnatos Boxing Academy sowie der private Eisenbahnwaggon des Direktors von De Beers. Die *De Beers Hall* präsentiert ungeschliffene Diamanten und Schmuck. Zu sehen ist auch der ›616‹ (616 Karat), der größte ungeschliffene Diamant der Welt, und ›Eureka‹, der erste in Südafrika entdeckte Diamant. Die

TOP TIPP große Attraktion des Gelän-des ist der Blick in das angrenzende **Big Hole**. Die Digger gruben zunächst bis zu einer Tiefe von 400 m. Als die Grube im Jahr 1914 aufgegeben wurde, hatte man eine Tiefe von 1100 m erreicht. Heute ist sie ein zu drei Vierteln mit Wasser gefüllter Krater.

TOP TIPP Einzigartig in Südafrika ist die **Duggan-Cronin Gallery** (Egerton Road, Tel. 053/839 27 22, www.museumsnc.co.za, Mo–Fr 9–17 Uhr) im Osten der Stadt. Zu sehen ist hier eine beeindruckende Sammlung von über 8000 Fotos, die der irische Minenmagnat *Alfred Duggan-Cronin* in den Jahren 1919–39 aufnahm. Im Mittelpunkt der Sammlung stehen Bilder von San und Nama mit traditioneller Haartracht, Gesichtsbemalung und Kleidung.

i Praktische Hinweise

Information

Diamantveld Visitor Centre, 121 Bultfontein Road, Tel. 053/832 72 98, www.northerncape.org.za

Hotels

******Edgerton House**, 5 Edgerton Road, Belgravia, Kimberley, Tel. 053/831 11 50, www.edgertonhouse.co.za. Luxuriöses Guest House in einem historischen Gebäude aus der Zeit des Diamantenbooms, mit Pool und Teegarten.

*****Garden Court Kimberley**, 120 Du Toitspan Road, Kimberley, Tel. 053/833 17 51, www.southernsun.com. Großes modernes Haus im Zentrum mit Swimmingpool, Sauna und Restaurant.

*****Langberg Guest Farm**, Beaconsfield, Fernstraße N 12, etwa 21 km südlich von Kimberley, Tel. 053/832 10 01, www.langberg.co.za. Renovierte Farm inmitten der im Frühjahr blühenden Halbwüste, Holzinterieur und viktorianische Bäder schaffen ein schönes Ambiente.

Ost-Kap – faszinierende Berglandschaften und viktorianische Bilderbuchstädte

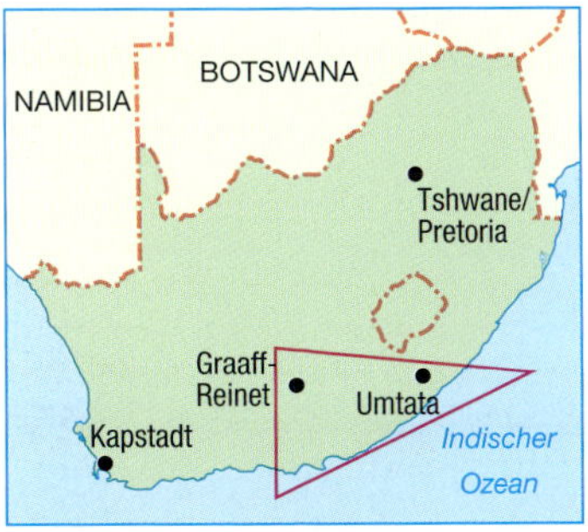

Die landschaftliche Vielfalt ist ein besonderer Reiz der Provinz Ost-Kap: immergrüne Wälder in der **Tsitsikamma Area** des Garden Route National Park sowie steile Klippen und weiße Sandstrände an der **Wild Coast**. Dazwischen begeistern Orte wie **Graaff-Reinet** und **Grahamstown** mit ihrer viktorianischen Architektur oder **Port Elizabeth** und **East London** mit ihren Stränden, die zum Baden, Tauchen und Surfen einladen.

In dem ehemaligen Homeland **Transkei**, das in die neu geschaffene Provinz eingegliedert wurde, liegt der Geburtsort **Nelson Mandelas**, das Dörfchen **Mvezo**. Der Geschichte und dem Leben dieses bedeutenden Politikers ist das **Nelson Mandela National Museum** gewidmet.

21 Garden Route National Park und Jeffrey's Bay

Dichte Wälder, Felsküsten und ein Surfparadies.

Seit Frühjahr 2009 besteht der **Garden Route National Park**, der den Wilderness National Park (s. S. 42), den Tsitsikamma National Park und die Knysna Lake Area (s. S. 42) zu einem großen Nationalpark zusammenfasst. Ein besonders schöner Teil ist die knapp 60 km östlich des Seebades Plettenberg Bay gelegene TOP TIPP **Tsitsikamma Area**, die aus einem herrlichen Waldgebiet sowie einem parallel verlaufenden Küstenstreifen mit abwechslungsreicher Meeresfauna besteht. Die hohe Niederschlagsmenge speist zahlreiche Flüsse und Bäche. Im Park gibt es eine Reihe seltener, einheimischer Baumarten wie Outeniqua Yellowwood, Stinkwood, Black Ironwood und Assegai. Drei *Wanderwege* erschließen dieses Reich voller üppiger Vegetation.

Der zum Reservat gehörende vorgelagerte Meeresstreifen war das erste Meeresschutzgebiet in Afrika, seine Ernennung zum Nationalpark die Antwort auf einen entsprechenden Appell der ersten Weltkonferenz für Nationalparks 1962 in Seattle. Die Tsitsikamma Area erstreckt sich über etwa 80 km Küstenlinie und umfasst bizarre Klippen, einsame Strände, Schluchten und Priele in Fels und Sand.

TOP TIPP Zumeist dicht am Meeresufer entlang führt der **Otter Trail**, einer der beliebtesten Fernwanderwege des Landes. Elf Flüsse sind während der Wanderung zu durchqueren. Der Fünftagemarsch über insgesamt 42 km steht unter der Kontrolle des **National Parks Board** (Tel. 012/426 51 11) in Pretoria, an das auch wegen der begrenzten Übernachtungskapazitäten ein Jahr im Voraus Reservierungswünsche zu richten sind.

120 km östlich von Storms River, dem Zentrum des Nationalparks, gelangt man unweit der N 2 zu einem der weltweit bekanntesten Surfgebiete. **Jeffrey's Bay** am Indischen Ozean hat ein gemäßigtes Klima, herrliche Strände und zwischen Mai und August optimale Surfbedingungen mit wunderschönen, gleichmäßigen und hohen Wellen. In der Bibliothek an der Strandpromenade ist die Muschelsammlung des **Shell Museum** (Mo–Sa 9–16, So 9–13 Uhr) sehenswert.

i Praktische Hinweise

Information

Garden Route National Park, Tel 042/281 16 07, zentrale Reservierung: Tel. 012/428 91 11, www.sanparks.org/parks/garden_route

◁ *Urwaldgefühle – in saftig-grüner Üppigkeit wuchernde Vegetation in der Tsitsikamma Aria*

Wellen, Wasser, Wonne pur – Jeffrey's Bay ist ein wahres Surferparadies

Jeffrey's Bay Tourism, Da Gama Street, Jeffrey's Bay, Tel. 042/293 29 23, www.jeffreysbaytourism.org

Hotels

******Armagh Country Lodge**, 24 Fynbos Avenue, Storms River, Tel. 042/281 15 87, www.thearmagh.com. Gemütliches Ambiente inmitten dichter Wälder am Fuße der Tsitsikamma-Berge.

*****Tsitsikamma Lodge**, Storms River, Tel. 042/280 38 02, www.tsitsikammalodge.com. Rustikale Blockhäuser und Grillplätze. Wanderwege führen durch Wälder und entlang des Storms River.

Diaz 15, 15 Diaz Road, Jeffrey's Bay, Tel. 042/293 17 79, www.diaz15.co.za. Luxuriöse Apartments mit Frühstück in einem modernen Haus direkt am Hauptstrand.

22 Port Elizabeth

Das Detroit Südafrikas.

Wegen seiner bedeutenden Autoindustrie seit langem auch als Detroit Südafrikas bekannt, verfügt Port Elisabeth über einen wichtigen Hafen und erfreut sich mit seinen langen Sandstränden großer Beliebtheit vor allem bei den Bewohnern des Hinterlandes. Mit den Städten Uitenhage und Despatch bildet ›PE‹, wie die Stadt meist knapp tituliert wird, seit 2001 die Nelson Mandela Bay Municipality.

Geschichte *Bartolomeu Dias* war der erste Europäer, der 1488 in die Algoa Bay einlief. In den nächsten 300 Jahren ereignete sich jedoch nicht viel, erst 1799 errichteten die Briten hier das *Fort Frederick*. Allmählich entstand eine kleine Siedlung, die im Jahre 1820 durch 5000 britische Neuankömmlinge Zuwachs bekam. Sie sollten ein Gegengewicht zu den südwärts vordringenden schwarzen Stämmen bilden. In den Folgejahren wuchs die Bedeutung der Stadt als Hafen und Handelszentrum. Benannt wurde sie nach der Gattin des Gouverneurs *Sir Rufane Donkin*.

1869 fand hier die erste Diamantenauktion in der Kapkolonie statt, und 1874 verließ das erste Gold den Hafen. Als Ankerplatz war PE nicht immer sicher: Am 31. August 1902 schleuderte ein starker Südwester 19 Schiffe auf die Felsen. Heute besitzt Port Elizabeth jedoch einen geschützten Tiefwasser-Hafen.

Besichtigung Einen schönen Überblick über die Stadt gewährt der 52 m hohe **Campanile** am Eingang des Hafens. Er wurde im Jahre 1923 zur Erinnerung an die Siedler von 1820 errichtet. Bemerkenswert ist das aus 23 Glocken bestehende Glockenspiel.

Auf dem Weg in die Innenstadt trifft man auf den **Market Square** mit der *City Hall*. Er war früher Ausspannplatz für die gewaltigen Ochsenwagen. Hier, im historischen Zentrum der Stadt, findet samstags ein kunterbunter Flohmarkt statt, der zum Stöbern einlädt. Im Mayor's Garden der **City Hall**, die nach einem Brand im Jahre 1977 restauriert wurde, steht eine Kopie des **Dias-Kreuzes**, jenes Steinkreuzes, das Bartolomeu Dias 1488 nahe dem

Kap Padrone an der Algoa Bay (östlich von Port Elizabeth) errichtet hatte. Dort entdeckte im Jahre 1935 Professor *Eric Axelson* von der University of the Witwatersrand in Johannesburg Teile des Originalkreuzes, die heute in der Bibliothek der Universität ausgestellt sind. Empfehlenswert ist der am Market Square beginnende **Donkin Heritage Trail**, eine 5 km lange Route durch den historischen Stadtkern, vorbei an 47 Stätten ehemaliger Siedlergeschichte (Infos im Tourist Office am Donkin Hill, s. u.).

Etwa 1 km außerhalb der City liegt an der Beach Road im Stadtteil Humewood die **Bayworld** (Brookes Hill Road, Tel. 041/584 06 50, www.bayworld.co.za, tgl. 9–16.30 Uhr). Im dortigen *Oceanarium* leben neben über 60 verschiedenen Fischarten auch Seehunde, Seepferdchen, Pinguine und Haie, im *Snake Park* kann man giftige und ungiftige Reptilien beobachten. Schließlich widmet sich das *Port Elizabeth Museum* der Kultur- und Naturgeschichte der Region. Werkzeuge der Khoisan zählen ebenso zu den Exponaten wie Fossilien und Schiffsmodelle. Eine weitere Attraktion im Stadtteil Summerstrand ist das in viktorianischem Stil hübsch angelegte Einkaufs- und Vergnügungszentrum **Boardwalk** (2nd Avenue, Tel. 041/507 77 77, www.boardwalk.co.za). Rund um einen künstlichen See wird hier mit einem Kasino, mit Geschäften, Kinos, Restaurants und Bars alles geboten, was Spaß macht.

Geschichtsträchtig: Dias-Kreuz vor der City Hall in Port Elizabeth

i Praktische Hinweise

Information

Nelson Mandela Bay Tourism, Donkin Lighthouse Building, Donkin Hill, Port Elizabeth, Tel. 041/582 25 75, www.nmbt.co.za

Hotels

******Marine Protea**, Marine Drive, Summerstrand, Port Elizabeth, Tel. 041/583 21 01, www.proteahotels.com. Herrlicher Blick über das Meer, zwei Minuten vom Strand.

Fifth Avenue Beach House, 3 Fifth Avenue, Summerstrand, Port Elizabeth, Tel. 041/583 24 41, www.fifthave.co.za. Zehn Minuten vom Stadtzentrum, nahe am Strand, mit Pool.

Restaurants

Blackbeards, 1 Lady Bea Crescent, Humewood, Port Elizabeth, Tel. 041/584 06 78. Spezialisiert auf Fisch und Meeresfrüchte.

Up the Khyber, Beach Road, MacArthur Leisure Centre, Port Elizabeth, Tel. 041/582 22 00. Lokal mit indischer Küche.

23 Addo Elephant National Park

Jede Menge Dickhäuter und seltene Kapbüffel.

Der rund 70 km nördlich von Port Elizabeth gelegene, 164 000 ha große National Park wurde 1931 gegründet, um die letzten elf *Addo-Elefanten* vor der Ausrottung zu bewahren. Die einst mehr als 130 Tiere umfassende Herde war zu Beginn des 20. Jh. von den Farmern der Gegend auf diese elf Exemplare dezimiert worden. Heute leben wieder über 200 ›Addos‹ in dem Park, dessen ›Elefantendichte‹ damit viermal so groß ist wie die des Kruger National Park [Nr. 39]. Außer den Elefanten verdienen im Addo insbesondere die einzigen überlebenden *Kapbüffel* Beachtung. Zu den Einrichtungen des Parks gehören verschiedenste Unterkunftsmöglichkeiten, vom Rondavel (einfache Rundhütte) bis hin zur Luxuslodge, ein Pool sowie ein Restaurant. Der 12 km

Heimat für Dickhäuter – im Addo Elephant National Park leben heute wieder zahlreiche der einst vom Aussterben bedrohten Addo-Elefanten

nördlich gelegene *Zuurberg National Park* mit seiner interessanten Flora ist heute Teil des Addo Elephant National Park.

Ausflug

Etwa 30 km östlich an der R 42 zwischen Paterson und Grahamstown liegt das TOP TIPP private Wildreservat **Shamwari Game Reserve** mit dem gleichnamigen Herrensitz, der heute als Hotel (s. u.) fungiert. Mehrere Farmgebäude wurden aufgekauft und restauriert. Mittlerweile ist ein Reservat von 14 000 ha entstanden. Unter Berücksichtigung ökologischer Gesichtspunkte wird das Buschgelände wieder Refugium für solche Tiere, die vor der Ankunft der Siedler hier heimisch waren. Dazu zählen Elefanten, Giraffen, Büffel, Löwen sowie das schwarze und weiße Rhinozeros. Ranger unternehmen mit den Hotelgästen spannende Tages- und Nachttouren in den Busch.

Rund 25 km westlich bietet sich in dem 120 ha großen **Seaview Game & Lion Park** (Tel. 041/378 17 02, www.seaviewgamepark.co.za, tgl. 9–17 Uhr) die Möglichkeit der Beobachtung zahlreicher Großwildarten, insbesondere von Löwen.

i Praktische Hinweise

Information

Addo Elephant National Park, Tel. 042/233 86 00, zentrale Reservierung: Tel. 012/428 91 11, www.sanparks.org/parks/addo

Shamwari Game Reserve, Swartkops, Port Elizabeth, Tel. 041/407 10 00, www.shamwari.com

24 Graaff-Reinet

Stadtjuwel mit 200 historischen Gebäuden im Valley of Desolation

Die Stadt an den Ausläufern der Sneeuberg Mountains und in der Nähe des Valley of Desolation ist bekannt für ihre über 200 historischen Gebäude , die heute den Status eines Nationaldenkmals genießen. Nicht zuletzt dem großen Engagement privater Stiftungen ist es zu verdanken, dass ganze Straßenzüge vor dem Verfall bewahrt werden konnten.

Geschichte Im Jahre 1786 gegründet, entwickelte sich der nach dem *Gouverneur van de Graaff* und seiner Frau *Cornelia Reinet* benannte Ort im 19. Jh. zu einem außerordentlich wohlhabenden Zentrum der Schafzucht. Graaff-Reinet erklärte sich 1795 vorübergehend für unabhän-

gig, da seine Bewohner mit dem Schutz vor Eingeborenen durch die britische Regierung am Kap äußerst unzufrieden waren.

Erbitterte Kämpfe lieferten sich die frühen Siedler mit den Ureinwohnern des Landes, den *San*. Fast 3000 San kamen dabei um, die Überlebenden verließen ihre Heimat oder verdingten sich als Farmarbeiter. Seit den 1850er-Jahren zogen vor allem britische Farmer in die Region, später auch deutsche. Die Mohair- und Angora-Produktion blühte auf, sodass man rückblickend vom ›Goldenen Zeitalter‹ Graaff-Reinets gesprochen hat.

Besichtigung Das im Jahr 1806 erbaute Magistratsgebäude **Drostdy** in der Church Street ist heute ein Hotel. Beispielhaft für die traditionelle kapholländische Architektur ist die strahlendweiße, klar gegliederte Fassade mit einem Giebel über dem Portal. Im *Stretch's Court* hinter dem Gebäude lebten einst die Sklaven.

Ein imposantes Beispiel kapholländischer Architektur ist auch das **Reinet House** (Tel. 049/8923801, www.graaffreinetmuseums.co.za, Mo–Fr 8–17, Sa 9–15, So 9–16 Uhr) gegenüber dem Drostdy Hotel am Ende der Parsonage Street. Das Gebäude wurde 1806–12 von der Holländisch-Reformierten Kirche errichtet, 1952 zum Nationaldenkmal erklärt und 1980 durch ein Feuer zerstört. Seinen Wiederaufbau ermöglichten Spenden. Heute ist es ein Museum, das Möbel, Handarbeiten und Werkzeuge der damaligen Zeit zeigt.

Die **Hester Rupert Art Gallery** (Tel. 049/8922121, Mo–Fr 9–12.30 und 14–17, Sa/So 9–12 Uhr) in der Church Street beherbergt über 100 Arbeiten südafrikanischer Künstler in einem Gebäude von 1821, das für sich allein schon einen Besuch wert ist. Ursprünglich missionierte die Kirche hier die ›Farbigen‹ des Ortes. Als der Verfall des Hauses drohte, finanzierte *Anton Rupert*, ein aus Graaff-Reinet stammender Großindustrieller, 1965 die Restaurierung. Das Gebäude trägt seither den Namen seiner Mutter.

Das im traditionellen kapholländischen Stil erbaute Reinet House ist heute ein Museum

Ausflug

Knapp 10 km nordwestlich der Stadt erreicht man über die R 63 einen Aussichtspunkt, der einen fantastischen Blick in das **Valley of Desolation** (›Tal der Trostlosigkeit‹) bietet. Zu Füßen liegen in 120 m Tiefe Graaff-Reinet und eine eindrucksvolle, urzeitlich wirkende Landschaft. Das Tal entstand im Verlauf von Jahrmillionen durch Verwitterungserosion. Der stete Wechsel von Hitze und Kälte sowie Trockenheit und Nässe ließ das Gestein zerbröseln und brachte die bizarren Felsformationen hervor.

i Praktische Hinweise

Information

Information Bureau, Old Library, Church Street, Graaff-Reinet, Tel. 049/892 42 48, www.graaffreinet.co.za

Hotels

*****__Samara Private Game Reserve__, ca 60 km südöstlich von Graaff-Reinet in der Cameboo gelegen, Tel. 049/891 05 58, www.samara.co.za. Das luxuriös ausgestattete Kolonialhaus mit seinen separaten Cottages befindet sich auf einem der größten und vielseitigsten privaten Narurreservate des Landes.

****__Andries Stockenström Guest House__, 100 Cradock Street, Graaff-Reinet, Tel. 049/892 45 75, www.stockenstrom.co.za. Zentral gelegenes, ehem. Herrschaftshaus, gute Küche der Region.

25 Grahamstown

Die Universitäts- und Festivalstadt liegt im alten Grenzland.

Die wegen ihrer 40 Kirchen auch ›Stadt der Heiligen‹ genannte Metropole des ›Siedlerlandes‹ ist vor allem wegen ihres gut erhaltenen *viktorianischen Ortskerns* einen Besuch wert. Sie entstand 1811 als Garnisonstadt zur Abwehr der von Nordosten vordringenden *Xhosa-Stämme*. Im April 1819 schlug ihre düsterste Stunde, als gegen Ende des Fünften Grenzkrieges

Xhosafrau mit Gesichtsbemalung

›Die Toten werden auferstehen‹ – Nongqawuses Prophezeiung

Nongqawuse, eine 14-jährige ›Prophetin‹ vom Stamm der **Gcaleka-Xhosa**, wurde im Kentani-Distrikt der Transkei geboren und von ihrem Onkel Mhalakaza, einem Medizinmann, großgezogen. Es war um die Mitte des 19. Jh., die Zeit nach dem Achten Grenzkrieg zwischen den Briten und den Xhosa, der mit der Niederlage der Xhosa geendet hatte, da behauptete die Prophetin eines Tages, sie habe Gesichter ihrer Vorfahren in einem Tümpel des Gxara-Flusses gesehen. Die **Botschaft der Ahnen** habe gelautet: »Gehe hin und sage, das gesamte Volk wird von den Toten auferstehen! Verkünde, alles Vieh muss vernichtet werden, denn es wurde von Händen gehütet, die verhext waren. Sage auch, dass die gesamte Ernte zerstört werden muss!« Nongqawuses Prophezeihung zufolge sollten Soldaten, in denen die Seelen verstorbener Xhosa-Krieger wohnten, am 18. Februar 1857 über das Meer kommen, durch das berühmte Felsloch *Hole in the Wall* [s. S. 67] an Land gehen und die verhassten Engländer vertreiben. Um den Kriegern zum Sieg zu verhelfen, mussten die Xhosa die besagten Opfer bringen.

Trotz Warnungen der britischen Besatzungsmacht töteten die Gcaleka daraufhin rund 350 000 Stück **Vieh** und vernichteten den Großteil ihrer **Erntevorräte**. Doch der besagte 18. Februar kam und ging wie jeder andere Tag. Viele tausend Angehörige verschiedener Xhosa-Stämme starben im Verlaufe den nun unausweichlichen **Hungertod**.

Nongqawuse wurde am Ufer des Mbashe-Flusses verhaftet, einige Zeit auf Robben Island interniert und schließlich auf die Farm Glen Shaw im Ost-Kap verbracht, wo sie 1898 starb. Eine Bronzetafel erinnert heute auf der Farm an die Prophetin, deren verheißungsvolle Vision großes Leid für die Xhosa zur Folge hatte.

Das im Herrenhaus-Stil errichtete Hotel Halyards liegt direkt an der Marina von Port Alfred

10 000 Xhosa die 350 britischen Soldaten der Garnison angriffen. Den Briten gelang es, den Überfall zurückzuschlagen, wobei die Xhosa über 1000 Gefallene zu beklagen hatten.

Mit dem Zustrom britischer Siedler seit 1820 entwickelte sich Grahamstown zu einem regen Handelszentrum und zur zweitgrößten Gemeinde der Kapkolonie. An Markttagen trafen hier bis zu 2000 Ochsenwagen und Karren ein, was eine Straßenverbreiterung erforderlich machte, um ein Wenden der Gespanne zu ermöglichen. Heute ist Grahamstown Sitz der **Rhodes University**.

Grahamstown hat sich zur Festival-Hauptstadt Südafrikas entwickelt. Landesweites Interesse genießt alljährlich im Juli das **National Arts Festival** (www.nafest.co.za), das kulturelle Darbietungen von Musik und Film über Tanz und Theater bis hin zu einem großen Flohmarkt im Stadtzentrum umfasst.

Sehenswert ist das **Observatory Museum** (Tel. 046/622 23 12, Mo–Fr 9.30–13, 14–17, Sa 9–13 Uhr) in der Bathurst Street, das als besondere Attraktion die einzige Camera obscura Südafrikas zeigt, mit deren Hilfe ein weites Panorama der Stadt projiziert werden kann. Das *Galpin's Tower House*, in dem das Museum untergebracht ist, lohnt allein wegen seiner Architektur und seiner gediegenen Möblierung einen Besuch.

In der Somerset Street dokumentiert das **History Museum** (Tel. 046/622 23 12, Di–Fr 9–13 und 14–17, Sa 9–13 Uhr) die Geschichte der Xhosa und der weißen Siedler in der Region.

i Praktische Hinweise

Information

Makana Tourism, 63 High Street, Grahamstown, Tel. 046/622 32 41, www.grahamstown.co.za

Hotels

******The Cock House**, Country House and Restaurant, 10 Market Street, Grahamstown, Tel. 046/636 12 87, www.cockhouse.co.za. Traditionsreiches Landgasthaus von 1820.

The Hermitage, 14 Henry Street, Grahamstown, Tel. 046/636 15 03. Bed & Breakfast in einem frühviktorianischen Haus mit großem Garten.

26 Port Alfred

Tauchparadies vor herrlichen Stränden.

Rund 70 km südöstlich von Grahamstown bietet dieser beschauliche Ferienort am Indischen Ozean, an der Mündung des Kowie River, Gelegenheit zu ausgedehnten Strandwanderungen. Port Alfred genießt heute den Ruf eines Wassersport-Paradieses, in dem Taucher voll auf ihre Kosten kommen. Doch auch der **Royal Port Alfred Golf Course** (St. Andrews Road, Tel. 046/6244796, www.rpagc.co.za) – den Zusatz Royal dürfen weltweit nur etwa 70 Golfplätze führen, die einmal die Ehre hatten, von einem Mitglied der britischen Königsfamilie bespielt worden zu sein – steht Besuchern offen. Kanusportler können sich am 18 km langen **Kowie Canoe Trail** versuchen. Boote werden am ehem. Riverside Caravan Park (Tel. 046/6244432) vermietet, wo auch die Tour beginnt.

i Praktische Hinweise

Information

Port Alfred Tourism, Port Alfred, Tel. 046/6241235, www.portalfred.co.za

Hotels

*****Halyards**, Albany Road, Port Alfred Marina, Port Alfred, Tel. 046/6248525, www.riverhotels.co.za. Elegant und modern eingerichtetes Hotel. Zum Sportangebot gehören Tauchtouren, Wasserski und Kanufahren. Das Restaurant bietet ein reiches Buffet und serviert gute Fischspezialitäten.

The Residency Guest House, 11 Vroom Road, Port Alfred, Tel. 046/6245382, www.theresidency.co.za. In schönen Gärten gelegenes Siedlerhaus aus dem späten 19. Jh. mit geschmackvollem Interieur.

27 East London

Heimat des prähistorischen Quastenflossers und Ausgangspunkt für faszinierendes Wracktauchen.

Die etwa 500000 Einwohner zählende, einzige Flusshafenstadt Südafrikas erstreckt sich an der breiten Mündung des *Buffalo River* in den Indischen Ozean. Ausgedehnte Sandstrände laden zum Sonnenbaden und zu allen erdenklichen Arten des Wassersports ein. Zusammen mit einigen anderen Orten der Umgebung bildet East London seit einiger Zeit die Großgemeinde Buffalo City.

Geschichte Die ersten Weißen, die hier zu Beginn des 19. Jh. auftauchten, waren Schiffbrüchige. Während des Siebten Grenzkrieges der Briten gegen die Xhosa (1846/47) gewann der kleine, ursprünglich *Port Rex* genannte Hafen stärkere Bedeutung für die Kapkolonie. In den späten 1850er-Jahren erfuhren die Stadt und die umliegende Region *Kaffraria* einen Zustrom an weißen Farmern, als zunächst knapp 2500 deutsche Legionäre des britischen Krimkrieg-Kontingents hier zur Grenzsicherung angesiedelt wurden. Gouverneur *Sir George Grey* siedelte 1858 noch einmal 2700 Deutsche dort an. Ortsnamen wie Frankfort, Berlin und Hamburg bezeugen noch heute die deutschen Wurzeln, ein von *Lippy Lipschitz* geschaffenes **Denkmal** an East Londons Beachfront erinnert an diese Einwanderungswelle.

Besichtigung Das **East London Museum** (Tel. 043/7430686, Mo–Do 9–16.30, Fr 9–16 Uhr) an der Oxford Street zählt zu den herausragenden naturgeschichtlichen Museen Südafrikas. Prunkstück der Sammlungen ist der *Coelacanth*, ein Quastenflosser, der 1938 vor der Chalumna-Mündung Fischern ins Netz ging. Bis dahin war angenommen worden, dass diese Fischart vor 70 Mio. Jahren ausgestorben sei. Andere Exponate des Museums widmen sich der *Xhosa-* und *Mfengu-Kultur* sowie dem Leben der deutschen Einwanderer.

Eine weitere Attraktion East Londons ist das **Aquarium** (Tel. 043/7052637, www.elaquarium.co.za, tgl. 9–17 Uhr) an der Esplanade mit Blick auf den Indischen Ozean. Hier kann man Robben bei ihren Kunststücken bestaunen und Pinguinen beim Essen zusehen. Ein langer Pier lädt zur Walbeobachtung ein.

Am Buffalo River in der Nähe der Buffalo Bridge ist das Vergnügungsviertel **Latimer's Landing** mit seinen Bars und Restaurants einen Besuch wert.

East London ist ein beliebtes Reiseziel für Taucher, denn vor der Küste liegen über 100 **Schiffswracks**. Die Tauchschulen des Ortes veranstalten erlebnisreiche Unterwasserexpeditionen in den gesunkenen Booten. Gute **Sandstrände** in der näheren Umgebung der Stadt sind *Orient*, *Eastern* und *Nahoon Beach*.

i Praktische Hinweise

Information

Tourism Buffalo City, Shop 1 & 2, King's Entertainment Centre, Esplanade, East London, Tel. 043/7226015, www.buffalocity.gov.za

Erdverbunden: Rundhütten der Xhosa bei Umtata im einstigen Homeland Transkei

Hotels

*****Kennaway**, Esplanade, East London, Tel. 043/743 34 33, www.katleisure.co.za. Gleichermaßen nahe am Strand und an der City gelegen, modern und preiswert.

*****Osner**, Esplanade, East London, Tel. 043/743 34 33, www.osnerhotel.co.za. Modernes, mehrstöckiges Haus am Strand.

The Loerie Hide, 2 B Sheerness Road, Bonnie Doon, East London, Tel. 043/735 32 06, www.loeriehide.co.za. Luxuriöses Bed & Breakfast in strohgedecktem Cottage im Xhosa-Stil.

Restaurants

Bellami's, 18 Marine Terrace Beach, East London, Tel. 043/743 21 45. Auf französische Küche spezialisiertes Restaurant am Strand.

Ernst's Chalet Suisse, Orient Beach, Arcadia, East London, Tel. 043/722 18 40. Am Strand, mit schweizerischer und deutscher Küche.

28 Umtata und Wild Coast

Zwischen imposanten Bergketten und malerischen Küsten scheint hier die Zeit stehen geblieben zu sein.

Das in den 1860er-Jahren gegründete **Umtata** (auch Mthatha) war 1976–94 Hauptstadt des Apartheid-Homeland *Transkei*, das heute in die Provinz Ost-Kap integriert ist. Sie ist die Heimat der vier Stämme *Xhosa*, *Pondo*, *Podomise* und *Bomvana*. Eine Reihe politischer Persönlichkeiten stammen von hier: *Nelson Mandela* und seine Exfrau *Winnie Madikizela-Mandela* sowie der Nachfolger Mandelas im Amt des Präsidenten, *Thabo Mbeki*, und der frühere ANC-Führer *Oliver Tambo*. Heute ist Umtata Handelszentrum und Sitz einer Universität.

Die bedeutendste Sehenswürdigkeit der Stadt ist das **Nelson Mandela National Museum** (Nelson Mandela Drive, Owen Street, Tel. 047/532 51 10, www.nelsonmandelamuseum.org.za, Mo–Fr 9–16, Sa 9–12.30 Uhr), von dem ein Teil in dem Parlamentsgebäude *Bungha* untergebracht ist. Gezeigt wird hier eine Ausstellung über das eindrucksvolle Leben und Werk des bedeutenden südafrikanischen Politikers auf der Grundlage seiner Autobiografie ›A Long Walk to Freedom‹ (2004). Außerdem werden Geschenke präsentiert, die Nelson Mandela während seiner Präsidentschaft aus dem Ausland erhielt. Zwei weitere Gedenkstätten befinden sich außerhalb von Umtata. In **Qunu**, einige Kilometer südwestlich auf der N 2, hat Mandela seine frühe Kindheit verbracht. In dem Ort kann man die Kirche besichtigen, in der Mandela getauft wurde, und Reste der Schule, die er besucht hat. Außerdem ist man derzeit dabei, ein *Youth and Heritage Centre* einzurichten. **Mvezo**, ca. 50 km außerhalb Umtatas an der N 2 Richtung Kapstadt, ist das Dorf, in dem Mandela geboren wurde. Hier hat man ein kleines Freilichtmuseum mit Fotografien eingerichtet. Außerdem werden Führungen zu den Resten des Geburtshauses von Mandela und durch das Dorf angeboten.

Die Stadt Umtata eignet sich auch gut als Ausgangspunkt für unvergessliche Abstecher an die Wild Coast. Mit ihren einsamen und eindrucksvollen Küstenlandschaften zeigt die **Wild Coast** auch heute noch ein Stück ursprüngliches Afrika. Wenigstens einen oder zwei der nicht immer leicht zugänglichen Orte an der Küste sollte man gesehen haben, denn das Landschaftsbild aus üppig subtropisch bewachsenen Dünen- und Hügelketten am Meer hinter weißen Sandstränden, durch die sich träge ein ›Urwaldfluss‹ den Weg bahnt, ist großartig. Die Orte liegen im Durchschnitt rund 100 km von der im Inland verlaufenden N 2 entfernt und sind häufig nur über einfache Schotterstraßen erreichbar.

Von Süden aus Richtung East London kommend, verlässt man die geteerte N 2 hinter Butterworth und gelangt nach ca. 80 km zunächst zu dem Küstenort **Mazeppa Bay**, der mit seinen Stränden und einer vorgelagerten Insel vor allem Angler, Hochseefischer und Taucher anzieht.

Nelson Mandela – ein Mythos des schwarzen Widerstands

Nelson Rolihlahla Mandela wurde am 18. Juli 1918 in der Nähe von Umtata im Ost-Kap geboren. Als Sohn eines Häuptlings vom Stamm der Thembu wuchs er in der Erwartung auf, eines Tages selbst Häuptlingswürden zu bekleiden. Zusammen mit seinem Kampfgefährten **Oliver Tambo** besuchte er die nur für Schwarze vorgesehene Universität Fort Hare. Dem Verweis von der Uni wegen seines Protestes gegen die Studienbedingungen und einer Zwangsvermählung mit einem Thembu-Mädchen entzog sich Mandela durch die Flucht nach Johannesburg. Mit finanzieller Hilfe seines geistigen Ziehvaters Walter Sisulu legte er das **Jura-Examen** ab, das es ihm ermöglichte, 1952 gemeinsam mit Oliver Tambo eine Anwaltskanzlei in Johannesburg zu eröffnen.

Der junge Nelson Mandela in der traditionellen Kleidung des Stammes der Thembu

Als führendes Mitglied der **ANC-Jugendliga** stellte sich Mandela in den 1950er-Jahren an die Spitze von Boykottmaßnahmen, die sich gegen die Apartheid richteten. 1961 gründete er im Untergrund **Umkhonto we Sizwe** (›Speer der Nation‹), den militärischen Flügel des ANC, der in begrenztem Maße auch Sabotageaktionen gegen das Apartheidregime durchführte. 1964 wurde Mandela wegen Sabotage und Hochverrats zu **lebenslanger Haft** verurteilt. Die folgenden 27 Jahre verbrachte er überwiegend auf der Gefängnisinsel Robben Island [s. S. 25].

Gegen Ende seiner Haftzeit war Nelson Mandela, nicht zuletzt durch das medienwirksame Auftreten seiner zweiten Frau **Winnie**, der berühmteste Gefangene der Welt, eine Ikone, ein Mythos des schwarzen Widerstands gegen weiße Unterdrückung. Südafrikas letzter weißer Staatspräsident, **Frederik Willem de Klerk** beugte sich internationalem Druck und den Forderungen im eigenen Land: Am 11. Februar 1990 entließ er Mandela endlich in die Freiheit. 1993 wurden de Klerk und Mandela mit dem **Friedensnobelpreis** ausgezeichnet. Nach den ersten demokratischen Wahlen konnte Mandela am 10. Mai 1994 als erster schwarzer **Präsident** Südafrikas vereidigt werden. Nach seiner Scheidung im Jahr 1996 heiratete Mandela 1998 zum dritten Mal.

Seit seinem Rücktritt vom Präsidentenamt im Jahr 1999 engagiert sich Mandela in Fragen der Menschenrechte und im Kampf gegen AIDS. 2009 wurde sein Geburtstag, der 18. Juli, offiziell zum ›Mandela Day‹ erklärt.

Meeresrauschen und ein himmlischer Ausblick: Umngazi River Bungalows

Ein Stück weiter nordöstlich, jedoch ebenfalls nur über eine Stichstraße von der N 2 aus zu erreichen, liegt das **Dwesa Nature Reserve** (www.wildcoast.co.za/dwesa)mit Mangrovensümpfen und schönen Küstenformationen. Zu den hier beheimateten Tierarten gehören u. a. Büffel, Gnus und Krokodile.

Das etwa 80 km von der N 2 entfernt gelegene Dörfchen **Coffee Bay** führt seinen Namen auf Kaffeesträucher zurück, die hier einmal wuchsen, nachdem wahrscheinlich Kaffeesäcke eines gestrandeten Schiffes ans Ufer gespült worden waren. Coffee Bay ist beliebt wegen seiner herrlichen Strände und Angelmöglichkeiten. 8 km südlich lockt ein kleines Naturwunder: das *Hole-in-the-Wall*. Der markante Felsblock im Meer mit einem Loch in der Mitte ist das begehrteste Fotomotiv an der Wild Coast. Durch dieses Loch sollten nach der *Prophezeiung der Nongqawuse* [s. S. 62] Soldaten kommen und die Xhosa von den britischen Besatzern befreien.

Im Norden liegt das beliebte Städtchen **Port St. Johns** an der Mündung des mächtigen Umzimvubu River inmitten dichter subtropischer Urwälder. Zeitweilig Schmuggler- und Waffenhändlernest, wurde dieser Ort 1884 von der Kapkolonie annektiert. Fortan diente er weißen Siedlern als Basis für den Warenaustausch mit dem Hinterland. Die Pondo bezogen Perlen und Decken von den Europäern, denen sie im Gegenzug Elfenbein, Häute und Mais lieferten.

Port St. Johns bietet exzellente Angelmöglichkeiten am Fluß und im Meer. Sehr gut zum Baden geeignet ist der 5 km südlich vom Ortszentrum entfernte *Second Beach*. **Wanderwege** erschließen die Küstenlandschaften der Wild Coast. Aus Sicherheitsgründen sollte man sich jedoch einem Führer anvertrauen (Infos: www.wildcoast.co.za).

i Praktische Hinweise

Information

Umtata Tourist Office, 64 Owen Street, Umtata, Tel. 047/531 52 90, www.ectourism.co.za

Hotels

The Country Lodge, Port St. Johns Road, Umtata, Tel. 047/532 57 30. Freundliche und familiäre Unterkunft etwas außerhalb der Stadt.

*****Mbotyi River Lodge**, an der Mündung des Mbotyi River im Pondoland, Mbotyi River, Tel. 039/253 72 00, www.mbotyi.co.za. In dichtes Grün schmiegt sich diese Anlage am Indischen Ozean.

TOP TIPP **Umngazi River Bungalows**, an der Mündung des Umngazi River bei Port St. Johns, Tel. 047/564 11 15, www.umngazi.co.za. Wunderschön strandnah gelegene Häuschen. Exkursionen zu den Mangrovenwäldern, Flussfahrten und auch Kanuverleih werden organisiert.

KwaZulu-Natal – tropisches Sandstrandglück und Zulutraditionen

Die Heimat *Shaka Zulus*, KwaZulu-Natal, ist eine Provinz mit einer enormen natürlichen und kulturellen Vielfalt. Im Westen erheben sich die Felsbarrieren der **Drakensberge**, im bergigen Landesinneren leben die Zulus ihre Traditionen, im Nordosten liegen einige der schönsten **Nationalparks** Südafrikas – Hluhluwe/Umfolozi Game Reserve, Mkuzi Game Reserve oder Maputaland Marine Reserve –, und am Indischen Ozean ist das ganze Jahr über *Badebetrieb*. **Durban** ist ein Mekka für Surfer, Badeurlauber und Kulturbeflissene. Zugleich ist Durban eine Großstadt, der die indische Bevölkerung ein orientalisches Flair verleiht.

29 Margate und Port Shepstone

Das ganze Jahr über ein grünes Paradies.

Überquert man vom Ost-Kap kommend den Umtamvuna River, erreicht man mit *Port Edward* den südlichsten Ort der Provinz KwaZulu-Natal am Indischen Ozean. Von hier aus erstreckt sich nordwärts über gut 160 km Länge bis zur Hafenstadt *Durban* [Nr. 32] eine Kette von Ferienorten, die diese Gegend zu einem der beliebtesten Reiseziele des Landes macht. Die meisten der überwiegend kleinen Orte besitzen breite und durch Hainetze gesicherte *Sandstrände*, die zum Baden einladen. Felsige Küstenabschnitte fordern die *Angelfans* heraus, und Flüsse, die aus dem subtropischen Hinterland ins Meer fließen, bilden malerische Lagunen. Das ganze Jahr über gibt es ein riesiges Sportangebot vom Klettern, Golfen, Tauchen und Kanufahren über Reiten und Mountainbiking bis zum Survivaltraining (Infos zu den einzelnen Anbietern unter www.margate.co.za).

Während der Hochsaison zwischen Dezember und Februar bietet **Margate** ein aufregendes Nachtleben mit Clubs, Bars und Restaurants. Im Juli ist der Badeort Schauplatz des alljährlichen *Hibiscus Festival*. Außerdem kann man auf dem renommierten *Margate Golf Course* (Tel. 039/317 23 40, www.margategolf.co.za) sein Handicap verbessern.

Einfach himmlisch: Sonnenuntergang an der Küste bei Margate

Ausgedehnte *Strände* und ein gutes *Wassersportangebot* gibt es auch in dem Gebiet von **Port Shepstone**. Erstmals wurde diese Gegend 1635 von 300 Portugiesen besiedelt, deren Schiff hier gestrandet war. Seinen Namen erhielt das Städtchen nach *Sir Theophilus Shepstone*, dem Minister für Eingeborenenangelegenheiten der britischen Kolonie Natal. Shepstones Politik nahm manches von dem vorweg, was später als Apartheidpolitik firmierte. Im Jahr 1886, nach der Ankunft von 250 norwegischen Siedlern, erhielt der Ort einen Hafen. Die Ende des 19. Jh. erbaute *Norwegian Church and Hall* und der dazugehörige *Friedhof* legen Zeugnis ab von der Zuwanderung aus Skandinavien.

3 km nördlich von Port Shepstone kann man sich in **Umtentweni** bei *Motozulu* (9 Eden Valley Road, Tel. 039/695 03 48, www.motozulu.website.ms) ein Motorrad ausleihen und die Gegend erkunden. Auch geführte Motorradtouren werden angeboten.

Ausflüge

Im bergigen Hinterland der Küste sind zwei kleine Naturreservate bequem zu erreichen. Ganz im Süden, etwa 10 km von Port Edward entfernt, liegt das **Umtamvuna Nature Reserve** (Tel. 039/313 23 83 www.kznwildlife.com), das sich über 3200 ha am Ostufer des namengebenden Flusses ausdehnt. Sehenswert ist hier vor allem die bewaldete Schlucht, durch die der Umtamvuna fließt. Hier wachsen 25 Orchideenarten.

Eine eindrucksvolle Schluchtenlandschaft ist auch Hauptattraktion des **Oribi Gorge Nature Reserve** (www.kznwildlife.com), 21 km von Port Shepstone in Richtung Harding gelegen. Aussichtspunkte an der Abbruchkante des Canyons gestatten großartige Blicke hinunter in die Tiefe, wo sich der träge fließende Umzimkulwana River in Mäandern hinzieht. Mehrere Wanderwege durchqueren das 1837 ha große Gebiet, in dem Affen, Leoparden und Pythons heimisch sind.

Grandiose Natur – die bis über 3000 m hoch aufragende Gebirgskette der Drakensberge bildet die natürliche Grenze zu Lesotho ▷

Praktische Hinweise

Information

Margate Tourism Office, Panorama Road, Margate Beach, Tel. 039/312 23 22, www.margate.co.za, www.hibiscuscoast.kzn.org.za

Hotels

******La Providence Guest House**, 7 North Road, Oslo Beach, Port Shepstone, Tel. 039/682 37 79, www.laprovidenceguesthouse.co.za. Herrliche Ausblicke auf den Indischen Ozean, Strandfreuden und Entspannung am hauseigenen Pool unter alten Bäumen.

****Beach Lodge**, Marine Drive, Margate, Tel. 039/312 14 83, www.beachlodge.org.za. Schönes Hotel und Apartments in Strandnähe mit Pool und Restaurant.

30 Drakensberge

Atemberaubende Bergwelt im Landesinneren.

Über rund 1000 km in Nord-Süd-Richtung vom nordöstlichen Mpumalanga bis hinunter in die Provinz Ost-Kap erstreckt sich die Gebirgskette der **Drakensberge**. Die alpin anmutenden Abschnitte des *Escarpment*, der bis über 3000 m hohen Abbruchkante der Drakensberge, liegen überwiegend in Kwa-Zulu-Natal. Sie bilden zugleich eine natürliche Grenze zum Hochland des Königreichs Lesotho [Nr. 54]. ›uKhahlamba‹ – ›Barriere der aufrecht stehenden Speere‹ – heißen die Drakensberge in der Sprache der Zulu, eine durchaus zutreffende Beschreibung der hoch aufragenden Gipfel, die im Winter nicht selten schneebedeckt sind und dann Landschaftsbilder zeigen, die stark an die amerikanischen Rocky Mountains erinnern.

Leidenschaft Golf: Südafrika besitzt einige der landschaftlich schönsten Plätze der Welt

Vom Städtchen *Kokstad* aus führt die Straße R 617 nach etwa 100 km nordwärts in die Orte *Underberg* und *Himeville*. Wenige Kilometer nördlich von Himeville zweigt links die zunächst geteerte Straße nach Lesotho ab, die zu dem seit 1949 befahrbaren **Sani Pass** führt. Dieser Pass ist mit 2874 m die höchste Passstraße im südlichen Afrika. In engen Kurven windet sich ab dem *Sani Pass Hotel* (s. u.) eine Schotterpiste über 25 km zur südafrikanischen Grenzstation. Da besonders die letzten 4 km bis Lesotho sehr steil und steinig sind, benötigt man für die gesamte Strecke einen Wagen mit Allradantrieb und viel Bodenfreiheit.

Nördlich des bei Bergwanderern und Forellenanglern beliebten *Loteni Nature Reserve* schließt sich in den Drakensbergen das **Giants Castle Game Reserve** (Tel. 021/424 10 37, www.nature-reserve.

co.za) an. Auf einem Grasplateau zu Füßen eines gewaltigen Basaltmassivs von 25 km Länge und Höhen bis über 3000 m existiert eine vielfältige Fauna, deren imposanteste Repräsentanten die *Bartgeier* sind. In trockenen Wintern sieht man in dieser Gegend häufig Rauchwolken aus den weiten Grasflächen aufsteigen – kein Grund zur Panik, denn schon die San beherrschten vor Jahrtausenden die Kunst des kontrollierten Abflämmens, die das Entstehen neuen Pflanzenlebens erleichtert. Schwarze und weiße Farmer haben diese Fertigkeit von den längst verschwundenen San übernommen. Kaum eine Region Südafrikas ist im übrigen so reich an Felszeichnungen der San [s. S. 47] wie diese.

Bergwanderer und Kletterer kommen in den Basaltformationen des 3194 m hohen **Cathkin Peak** auf ihre Kosten. Vom Gipfelplateau eröffnet sich ein fantastischer Rundblick, u. a. bis zu dem 3377 m hohen *Champagne Castle*. Cathkin Peak liegt in der *Mlambonja Wilderness Area* und in der *Mdedelelo Wilderness Area* (35 000 ha), zu der auch der im Norden gelegene **Cathedral Peak** gehört. Die Region mit ihren herrlichen Wäldern eignet sich zum Wandern, zur Vogelbeobachtung und nicht zuletzt zum Bergsteigen. Im Sommer können die Gipfel jedoch, wie überall in den Drakensbergen, wolkenverhangen sein, nachdem kurze, aber heftige Gewitter die Bergriesen zum Zittern gebracht haben.

Besonders reizvoll auf dem Rücken eines Pferdes erschließt sich der an den Freistaat Lesotho grenzende **Royal Natal National Park** (Tel. 021/ 424 10 37, www.nature-reserve.co.za), der zum Schönsten gehört, was Südafrika zu bieten hat. Unvergessliche Landschaftseindrücke vermitteln die Bergformationen *Amphitheatre* und *Mont-aux-Sources* sowie die *Tugela-Wasserfälle*. Über 20 Wanderwege durchziehen das Parkgebiet, einer davon führt auf das Mont-aux-Sources-Plateau und entschädigt mit seinen herrlichen Ausblicken für die Strapazen des Aufstiegs. Allerdings muss auf diesem Weg eine steile Felswand mit Hilfe von Kettenleitern überwunden werden!

TOP TIPP

i Praktische Hinweise

Information

Central Drakensberg Information Centre, Info Centre Building, Thokozisa Centre, Gourton Corner, an der R 600 von Winterton in Richtung Central Drakensberg, Tel. 036/488 12 07, www.cdic.co.za

Wanderparadies mit großartigem Blick über die Drakensberge: Royal Natal National Park

Hotels

******Cathedral Peak**, Winterton, Tel. 036/488 18 88, www.cathedralpeak.co.za. Repräsentativer Hotelkomplex in grandioser Berglandschaft.

*****Drakensberg Sun**, Cathkin Peak, Winterton, Tel. 036/468 10 00, www.southernsun.com. Eindrucksvolle Anlage in den zentralen Drakensbergen mit großem Freizeitangebot.

*****Sani Pass**, Sani Pass Road, Himeville, Tel. 033/702 13 20, www.sanipasshotel.co.za. Großzügige Hotelanlage am Fuße des Sani-Passes mit Restaurant, Pool, Tennis- und Golfplatz. Auch Reiten und Angeln gehören zum Freizeitprogramm.

The Antbear Guesthouse, Moor Park/Giants Castle Road, Estcourt, Tel. 036/352 31 43, www.antbear.co.za. Ländlich-familiäre Unterkunft für Naturfreunde am Fuße der Drakensberge.

Die viktorianische City Hall ist Wahrzeichen von Pietermaritzburg

31 Pietermaritzburg

Wo Gandhis Leben eine bedeutende Wendung nahm.

Pietermaritzburg ist mit seinen 450 000 Einwohnern die Hauptstadt von KwaZulu-Natal und auch der bedeutendste Ort der Region Natal Midlands, die sich sanfthügelig, mit weiten Wiesen und Weiden bedeckt, von den Drakensbergen bis fast an die Strände des Indischen Ozeans erstreckt. Pietermaritzburg trägt auch den Namen ›Stadt der Blumen‹. Die prachtvollen Bougainvilleen und Azaleen, die von Juli bis Oktober Straßen und Plätze schmücken, rechtfertigen diesen Titel vollauf. Einen Höhepunkt erreicht die Blumenherrlichkeit Ende September zur jährlichen **Garden Show**.

Geschichte Pietermaritzburg wurde Anfang 1839 von den burischen Voortrekkern gegründet. Namensgeber waren die Voortrekker-Pioniere Piet Retief und Gert Maritz. Der Ort gelangte bereits 1843 unter britische Herrschaft. Mit ihren repräsentativen Bauten im viktorianischen und edwardianischen Stil ist die Stadt bis heute so stark britisch geprägt wie kaum eine andere in Südafrika.

In Pietermaritzburg, das im Lande knapp Maritzburg heißt, verschmelzen drei Kulturen: die burische, die britische und die indische. Hier, wie in vielen Orten Natals, lebt eine stattliche indische Minderheit – die Nachkommen der Zuckerrohrarbeiter aus den 1860er-Jahren.

Richard Attenboroughs Film ›Gandhi‹ (1982) machte die Stadt einem Millionenpublikum in aller Welt bekannt. Auf dem Bahnhof von Pietermaritzburg wurde *Mahatma Gandhi* 1893 aus dem Zug geworfen, weil er es als Nichtweißer gewagt hatte, in der ersten Klasse zu reisen. Aus diesem Schlüsselerlebnis entwickelte Gandhi seine Lehre von der ›Satyagraha‹, dem gewaltlosen Widerstand.

Besichtigung Einen eigenen Charme übt in der **City** das Netz kleiner Gässchen aus, das heute den Fußgängern vorbehalten ist. Hier befand sich 1888 bis 1931 das Finanzzentrum der jungen Metropole Natals mit sage und schreibe vier Börsen. Als größtes Backsteingebäude südlich des Äquators und zugleich als Wahrzeichen der Stadt erhebt sich in der Chief Albert Luthuli Street die **City Hall** ❶ aus dem Jahre 1900. An ihrer Stelle gab es früher einen Versammlungsort der Voortrekker.

Einige Schritte weiter an der Church Street erinnert ein **Mahatma-Gandhi-Denkmal** ❷ daran, dass der große indische Staatsmann 1893 in dieser Stadt aus dem Zug geworfen wurde.

Ein architektonischer Höhepunkt aus der viktorianischen Ära ist das nahe gelegene **Colonial Building** ❸ in der Church Street, während das **Main Post Office** ❹ in der Longmarket Street von 1903 den edwardianischen Stil widerspiegelt.

Nahebei in der Loop Street liegt das **Natal Museum** ❺ (Tel. 033/345 14 04, www.nmsa.org.za, Mo–Fr 9–16.30 Uhr, Sa 10–16, So 11–15 Uhr), eines von fünf Nationalmuseen des Landes. Es hat mehrere naturwissenschaftliche und humanwissenschaftliche Sammlungen. In seiner Bird Gallery werden die in Südafrika heimischen Vogelarten vorgestellt.

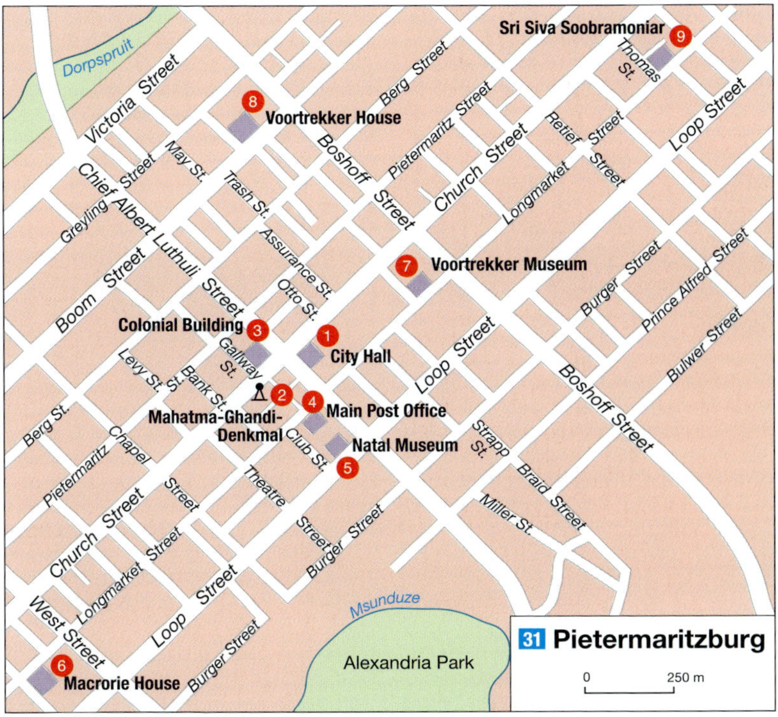

Unter den Museen ist außerdem das **Macrorie House** 6 (11 Loop Street, Tel. 033/3942161, Di–Fr 9–13, So 11–16 Uhr) erwähnenswert, das in vornehmem viktorianischen Ambiente die Wohnkultur der britischen Siedler zeigt. In dem 1862 errichteten Gebäude wirkte 1869–91 *William Macrorie* als Bischof von Pietermaritzburg.

Wer sich für die Voortrekker interessiert, ist im **Voortrekker Museum** 7 (351 Longmarket Street, Tel. 033/3946834, www.voortrekkermuseum.co.za, Mo–Fr 9–16, Sa 9–13 Uhr) gut aufgehoben. Es beherbergt eine einzigartige Sammlung von Relikten der Trekker, darunter die Nachbildung eines Planwagens, alte Steinschlossgewehre sowie Piet Retiefs Gebetbuch und Feldflasche. Das 500 m weiter nordwestlich in der Boom Street gelegene, ebenfalls zum Museum gehörende **Voortrekker House** 8 von 1846 ist das einzige erhaltene Bauwerk aus burischer Zeit.

Ein eindrucksvoller *Hindu-Tempel* ist **Sri Siva Soobramoniar** 9 (545 Longmarket Street, Tel. 033/3425430, tgl. 6–18 Uhr) von 1898, wo alljährlich zu Karfreitag die Gläubigen das Ende der Fastenzeit mit einem barfüßigen Gang über glühende Kohlen feiern.

Eine weitere Attraktion der Stadt liegt in dem Viertel Willowton und trägt den Namen **Butterflies for Africa** (37 Willowton Road, Tel. 033/3871356, www.butterflies.co.za, Di–Fr 9.30–16.30, Sa 9.30–15.30, So 10.30–15.30 Uhr). Im Butterfly House kann man Schmetterlinge aus aller Welt bewundern, außerdem gibt es ein Gehege mit prachtvollen grünen Leguanen. Im Monkey House ist ein Pärchen Lisztaffen untergebracht, die ihren Namen wegen der Ähnlichkeit ihrer weißen Haartracht mit der des Komponisten Franz Liszt tragen.

Ausflüge

Pietermaritzburg eignet sich vorzüglich als Ausgangspunkt für Ausflüge in die **Natal Midlands**, eine abwechslungsreiche Hügellandschaft, die sich zwischen den imposanten Drakensbergen und der Küste erstreckt. Etwa 24 km nordwestlich von Pietermaritzburg erreicht man das *Umgeni Valley Nature Reserve*, in dem die 94 m tief stürzenden **Howick Falls** beeindrucken. Das nahe gelegene Städtchen Howick ist Mittelpunkt des **Midlands Meander** (Tel. 033/3308195, www.midlandsmeander.co.za), eines mehrere Orte umfassenden Netzes aus Kunstgewerbestätten, originellen Restaurants, Hotels

und Kuranlagen. 1985 hat sich hier eine Interessengemeinschaft zusammengeschlossen und die erste *Kunstgewerberoute* des Landes ins Leben gerufen. Von den über 160 Mitgliedern dieser losen Vereinigung seien hier stellvertretend vier vorgestellt: *Lona's Pianos* (Drifters Gold Farm, Tel. 033/2344343, www.pianos.co.za) in Lions River hat sich auf die künstlerische Restaurierung außergewöhnlicher, alter Pianos spezialisiert, die nach Voranmeldung zu besichtigen sind. *Hillfold Pottery* (Hillfold Farm, D 18, Lidgetton, Tel. 033/2344597) zwischen Lions River und Balgowan offeriert Töpferware. *Kingdom Weavers* (Exit 125, Balgowan/Curry's Post, Tel. 033/2344205) hält nahe der N 3-Abfahrt Curry's Post traditionelle Webarbeiten bereit. In der Eiscremefabrik *Mad about Cows* (Tel. 033/2666833, www.ballina.co.za) nahe Fort Nottingham an der D 290 kann man die kühlen Köstlichkeiten in einem Café mit Kuheinrichtung genießen und eine Fülle von Kuhaccessoires erwerben.

Die Region um den **Albert Falls Dam** ist ebenfalls ein beliebtes Ausflugsziel. *The Amble* (Tel. 031/3667500, www.theamble.kzn.org.za) nennt sich eine Tourismusinitiative, die für das Gebiet nordöstlich von Pietermaritzburg interessante Routen zusammengestellt hat. So kann man z. B. in einem Ausflug die Stausee-

umgebung und den 1881 von deutschen Missionaren gegründete Ort **Wartburg** erkunden. Oder man begibt sich auf eine Reise in das etwa 70 km nordöstlich von Pietermaritzburg liegende **Hermannsburg**. Der Weg führt über kurvenreiche Bergpisten und vermittelt eine Ahnung vom alten Afrika. Man sieht Hütten und Kraale der *Zulu* und immer wieder öffnen sich schöne *Panoramablicke* auf die Berge sowie die Flüsse Umvoti und Tugela, in denen auch heute noch *Krokodile* leben. In Hermannsburg, 1854 von deutschen Missionaren gegründet, lohnt der Besuch des *Mission Museum* (Tel. 033/445 06 01, Mo–Fr 9–12 Uhr) im historischen Mission House. Werkzeuge und Alltagsgegenstände zeugen vom Leben der Missionare und geben Einblicke in die Zulu-Kultur.

Südafrikas Miami Beach: die trubelig bunte Golden Mile in Durban

i Praktische Hinweise

Information

Pietermaritzburg Tourism,
177 Commercial Road, Pietermaritzburg, Tel. 033/345 13 48, www.pmbtourism.co.za

Hotels

*******Mountain View Country House**, Route 103, Rosetta, nahe Mooi River, Tel. 033/267 72 78, www.mountain-view.co.za. Ruhig gelegenes Haus mit Garten und Ausblick auf die Drakensberge.

******Old Halliwell Country Inn**, Currys Post Road, Howick, Tel. 033/330 26 02, www.oldhalliwell.co.za. Altes Landgasthaus von 1830, mit hübschem Garten und Pool.

*****Orion Hotel Wartburg**, 53 Noodsberg Road, Wartburg, Tel. 033/ 503 14 82, www.oriongroup.co.za. Rustikales Landhaus mit deutscher Küche.

Restaurant

Els Amics, 380 Longmarket Street, Pietermaritzburg, Tel. 033/345 65 24. Gute spanische Küche im Zentrum.

32 Durban

Plan Seite 76

Schnittpunkt der Kulturen zwischen blauem Meer und grünen Zuckerrohrfeldern.

Angenehm warm im Winter, heiß und zuweilen schwül im subtropischen Sommer ist Durban heute mit mehr als 3 Mio. Einwohnern als zweitgrößte Stadt des Landes ein beliebtes Ferienzentrum und darüber hinaus der bedeutendste Hafen im südlichen Afrika.

Flipper lässt grüßen – die aus dem früheren Sea World Aquarium stammenden Delphine haben in Durbans uShaka Marine World eine neue Heimat gefunden

Geschichte Der Portugiese *Vasco da Gama* erreichte als erster Europäer zu Weihnachten des Jahres 1497 jene weite Lagune, die er für eine Flussmündung hielt und ihr daher den Namen **Rio de Natal** (›Fluss der Geburt‹) gab.

Die erste dauerhafte europäische Besiedlung der Region erfolgte 1685 durch Schiffbrüchige. 1823 ankerte dann die Brigg ›Salisbury‹ in der Lagune und setzte einige Briten mit dem Auftrag ab, Handel mit den Zulu zu treiben. Zulukönig *Shaka* gewährte im folgenden Jahr 18 Briten Siedlungsrechte in der Bucht. Unter den Neuankömmlingen befanden sich auch der spätere Nationalheld *Dick King* sowie *Francis Farewell*, dessen Frau die erste weiße Bewohnerin an dieser Küste werden sollte.

1835 erhielt der kleine Ort den Status einer Stadt, die nach dem Gouverneur der Kapkolonie *Benjamin d'Urban* benannt wurde. Nach dem Tode Shakas drohte unter dessen Nachfolger *Dingane* das Ende des weißen Durban. Dinganes Angriff zwang die Europäer zur Flucht auf die Insel **Salisbury** inmitten der Lagune. Von 1839 bis 1842 existierte am Ufer der Bucht eine neue europäische Siedlung, die nun-

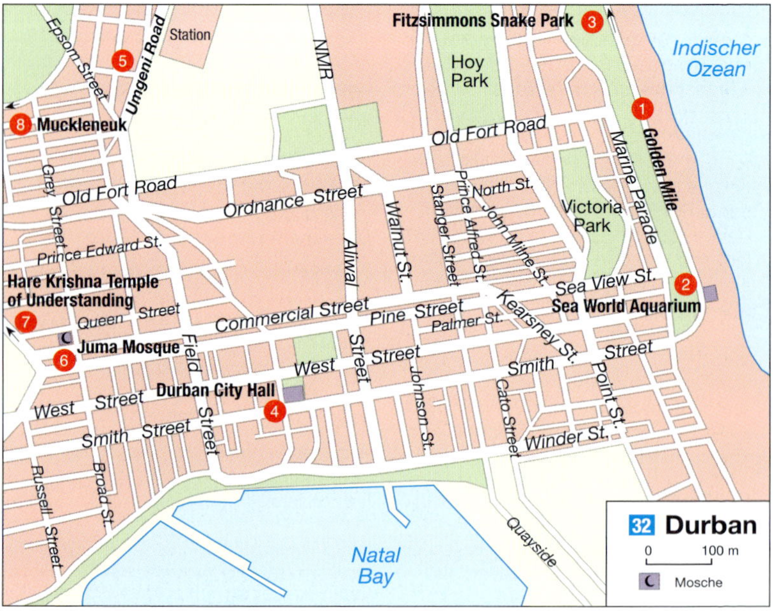

mehr unter der Vorherrschaft der burischen Voortrekker-Republik Natalia stand.

Im Mai 1842 beschloss die britische Regierung, Durban mit einer Garnison zu besetzen, und sie errichtete das **Old Fort**. Die Voortrekker, die sich in ihrer Machtkompetenz bedroht sahen, belagerten die Festung. Während der folgenden Tage unternahm Dick King – anfangs in Begleitung eines Zulu – jenen legendären zehntägigen Ritt über knapp 1000 km nach Grahamstown im Ost-Kap, um Verstärkung für die Briten in Durban anzufordern. Als die Truppen eintrafen, verspürten die Voortrekker wenig Lust zur Gegenwehr und zogen sich nach und nach aus Natal zurück, um in Transvaal eine neue Heimat zu finden.

Unter dem nun einsetzenden Zustrom vor allem *britischer Siedler* blühte Durban in den folgenden Jahrzehnten auf. Zum wachsenden Wohlstand trugen auch die tausende von *indischen Arbeitskräften* bei, die auf den Zuckerrohrplantagen eingesetzt wurden. Die indische Bevölkerung gibt seither der Metropole ihr unverwechselbares Flair. Aus den einst bitterarmen indischen Farmarbeitern sind inzwischen einige wohlhabende Händler und Unternehmer hervorgegangen.

Besichtigung Durban ist gleichzusetzen mit *Badeurlaub*. Über mehrere Kilometer ziehen sich feine **Sandstrände** in Citynähe von *Addington* im Süden der Beachfront bis zum *Country Club Beach* im Norden hin. Die Strände sind auf ihrer ganzen Länge durch Hainetze gesichert. In Höhe der *Marine Parade* wachen Rettungsschwimmer über das Wohl der Badegäste, Schilder weisen auf Strömungsverhältnisse und Tiden hin. Allein die Strandpromenade entlang dieser **Golden Mile** 1 ist einen Abstecher auf einer Südafrikareise wert. Ein Vergnügen ist es, auf die ins Meer hineinragenden *Piers* hinauszubummeln und die Surfer zu beobachten. Alljährlich finden hier im Juli *Surfwettbewerbe* statt. Am äußersten Südende der ›Goldenen Meile‹ liegt die **uShaka Marine World** 2 (1 Bell Street, Tel. 031/328 80 00, www.ushakamarineworld.co.za, tgl. 9–17

Durbans Shoppingglück und Stöberfreuden

Was wäre Durban ohne Shopping? Für jeden Besucher ein Muss ist der an der Stelle eines abgebrannten indischen Marktes erbaute **Victoria Street Market** in der Nähe der Juma-Moschee, auch wenn der mehrstöckige Hallenbau nicht viel von der orientalischen Atmosphäre des Inderviertels bewahren konnte. Sari-Geschäfte und Gewürzhandlungen liegen hier Seite an Seite mit Souvenirläden, Fleisch- und Fischständen. Vielleicht am interessantesten sind die bizarr anmutenden Angebote der **Zuluhändler** am Markteingang. ›Muti‹, traditionelle afrikanische Heilmittel in Gestalt getrockneter Affenköpfe und Krokodilschädel, sind hier ebenso erhältlich wie kleine Glasampullen mit Pythonfett gegen Rheuma.

Dem allgemeinen Trend folgend haben sich in Durban – wie auch in anderen Großstädten des Landes – imposante **Einkaufszentren** ausgebreitet. Zwischen dem Strand und der City ist **The Workshop** (www.theworkshopcentre.co.za) in den Hallen eines ehem. Eisenbahndepots besuchenswert, wesentlich größer und auch eleganter ist **The Pavillon** (www.thepav.co.za) im Vorort Durban-Westville.

Für Stöberfreunde eine unvergleichliche Fundgrube sind zudem die **Flohmärkte**, die sonntags auf der Golden Mile beim Durban Exhibition Centre sowie täglich in der Church Street stattfinden.

Curry extrafein oder feurig scharf auf dem Victoria Street Market in Durban

Göttliche Gestalten: farbenfroher Fassadenschmuck eines indischen Tempels in Durban

Uhr) mit ihrem im Ambiente eines Schiffswracks eingerichteten Aquarium, dem größten Delfinarium Afrikas, einem Seehund- und Pinguinpark sowie dem Wasserpark *Wet'n Wild* (Mo/Di geschl.). Anschließend ergibt sich am nördlichen Ende der Golden Mile die Chance zum Nervenkitzel im **Fitzsimons Snake Park** 3 (240 A Lower Marine Parade, Tel. 073/156 96 06, zzt. wegen Umbau geschl.). Hier leben viele der 157 in Südafrika beheimateten *Schlangenarten*. Zu den Aufgaben des Parks gehört auch die Gewinnung von Anti-Serum, doch findet das Giftmelken nicht mehr vor Publikum statt, um die Reptilien vor Stress zu bewahren.

Sehenswerte Bauwerke zeigt Durban im Stadtzentrum, das von der Beachfront über die *West Street* in etwa 20 Min. zu Fuß zu erreichen ist. Alternativ bietet sich das Nahverkehrssystem der kleinen *Mynah-Busse* an, die im Zehn-Minuten-Takt in die City hinein fahren. Zentral an der Smith Street steht die 1910 im Neorenaissancestil erbaute **Durban City Hall** 4, die das Rathaus im nordirischen Belfast zum Vorbild hat. Die *Durban Art Gallery* (Tel. 031/311 22 64, Mo–Sa 8.30–16, So 11–16 Uhr) im 2. Stock des Gebäudes zeigt südafrikanische und europäische Kunst ab dem 15. Jh. Weiter nördlich lohnt ein Abstecher in die **Umgeni Road** 5, in der sich drei *Hindu-Tempel* befinden.

An der Ecke Queen und Grey Street erhebt sich im indischen Geschäftsviertel die **Juma Mosque** 6 aus dem 19. Jh. Die 5000 Gläubige fassende Moschee ist das größte islamische Gotteshaus im südlichen Afrika. Das *Innere* überrascht durch eine luftig-lockere Atmosphäre, zu der auch Fenster beitragen, die sich auf einen Innenhof hin öffnen. *Korantexte* zieren die Wände, und ein eigens gewebter, riesiger *Orientteppich* vermittelt Ehrfurcht und Würde.

Außerhalb des Stadtzentrums, im südlich gelegenen Vorort *Chatsworth*, lohnt allein wegen seiner Architektur der **Hare Krishna Temple of Understanding** 7 (50 Bhaktivedanta Swami Circle, Tel. 031/403 33 28, tgl. 10–20 Uhr Führungen, angeschlossen ist ein vegetarisches Restaurant) einen Besuch. Auch wenn man kein Freund der Krishna-Bewegung ist und sich über den Prunk des Tempels trefflich streiten lässt, beeindruckt das in den 1980er-Jahren von einem österreichischen Krishna-Anhänger konzipierte Bauwerk durch seine Ausstattung. Auffallend sind Goldornamente, kühler Marmor und das gewaltige Dach aus rostfreien Stahlziegeln.

Von den Museen Durbans ist das im Stadtteil Berea gelegene **Muckleneuk** 8 (220 Marriot Road, Tel. 031/207 34 32, http://campbell.ukzn.ac.za, Mo–Fr 11–16 Uhr und nach Vereinbarung) hervorzuheben. Das einstige Wohnhaus eines Zuckerbarons beherbergt die **Campbell Collections**, die aus drei Bereichen bestehen: Die *Killie Campbell Africana Library* zeigt seltene Bücher, Bilder, Landkarten und unveröffentlichte Manuskripte aus aller Welt. Das *Mashu Museum of Ethnology* widmet sich insbesondere der Zulu-Stammeskultur. Und das *William Campbell Furniture Museum* präsentiert Möbel der frühen britischen Siedler.

Ausflüge

Entlang der sich nördlich von Durban erstreckenden Küste KwaZulu-Natals locken mehrere Badeorte mit schönen Stränden und einem vielfältigen Wassersportangebot. Insbesondere das nahe bei Durban gelegene **Umhlanga Rocks** (sprich Umschlanga) ist ein beliebtes Urlaubsziel mit Luxushotels, Apartmenthäusern und Einkaufszentren. Eine einmalige Attraktion in der Nähe von Umhlanga Rocks ist die Forschungsstation **KwaZulu-Natal Sharks Board** (1a Herrwood Drive, Tel. 031/566 04 00, www.shark.co.za, Mo–Fr 8–16 Uhr, Shows Di–Do 9 und 14, So 14 Uhr), die die Lebensgewohnheiten der Haie erforscht. Die Station ist international führend auf diesem Gebiet. Dem Besucher werden hier audiovisuelle Shows geboten.

Etwa 70 km nördlich von Durban nahe der Stadt **Stanger** befindet sich das *Grab des Zulukönigs Shaka*, das 1932 durch ein *Denkmal* ergänzt wurde. Am Nachmittag des 25. September 1828 war Shaka hier von zwei Halbbrüdern mit einer jener Lanzen erstochen worden, die er selbst erfunden hatte. Dank dieser Waffe galten die Zulukrieger bei anderen Stämmen lange als unbesiegbar.

Weitere 140 km nördlich vermittelt **Shakaland** (14 km hinter Eshowe an der R 66, Tel. 035/460 09 12, www.shakaland.com, 3-Std.-Tour tgl. 11 und 12 Uhr mit traditioneller Tanzvorführung und Mittagessen) einen Eindruck vom Leben der Zulu. Es handelt sich hierbei um ein Freilichtmuseum, dessen Hauptattraktion die Kulissen für die Hollywood-Serie ›Shaka-Zulu‹ (1986/87) sind.

Unweit Eshowes liegt an der Küste der hübsche Ort *Mtunzini* mit dem **Umlalazi Nature Reserve** (Tel. 033/845 10 00, www.kznwildlife.com). Die sehenswerte Mangroven- und Dünenlandschaft ist von Krokodilen und Wasservögeln bevölkert.

i Praktische Hinweise

Information

Tourist Junction, Old Station Building, 1st Floor, 160 Pine Street, Durban, Tel. 031/304 49 34, www.durban.gov.za

Flughafen

Durban International Airport, Tel. 031/451 67 58, Fluginfo: Tel. 086/727 78 88, www.acsa.co.za

Hotels

*******The Royal**, 267 Smith Street, Durban, Tel. 031/333 60 00, www.theroyal.co.za. Seit Jahren das beste Stadthotel des Landes, mit sechs Restaurants.

******Durban Elangeni**, Beach, 63 Snell Parade, Durban, Tel. 031/362 13 00, www.southernsun.com. Luxuriöser Hotelkomplex in Strandnähe.

*****Botanic Bed & Breakfast**, 54 Botanic Gardens Road, Berea, Durban, Tel. 031/202 84 25, www.botanic.co.za. Herberge mit familiärer Atmosphäre in Citynähe, nicht weit zu den Stränden. Die Besitzer sprechen deutsch.

Showtime: ritueller Tanz der Zulukrieger vor einstigen Filmkulissen in Shakaland

Hotels
*****Linga
Cresent, W
www.linga
wenig auß
Haus mit g
ten Zimme
Pool.
***Rose & (
Street, Nels
Elegantes A
auf die Stac
***Promen
Drive und H
013/753 30 0
Zentral gel
Preis-Leistu
stücksbuffe

Wo Wasser w
Wasserfälle v

Mpumalanga – echt afrikanische Naturerlebnisse und Goldgräberstädtchen

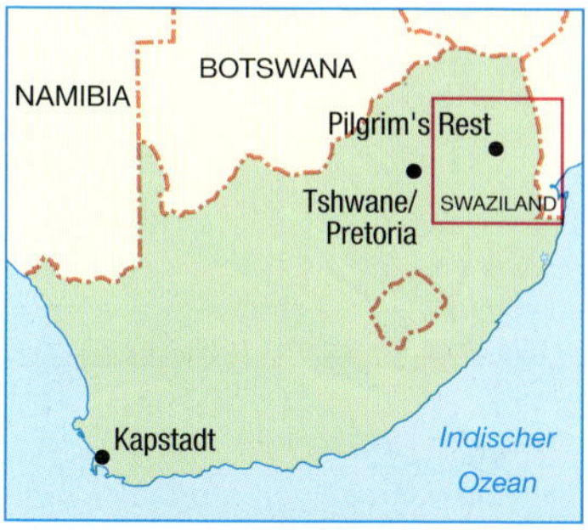

Im heißen Lowveld liegen große Teile des weltberühmten **Kruger National Park,** in dem man auf Schritt und Tritt den ›Big Five‹ begegnet: Elefant, Löwe, Leopard, Büffel und Nashorn. Auch landschaftlich hat die Provinz Mpumalanga viel zu bieten: Saftig grüne Zitrusplantagen bei **Nelspruit**, glitzernde Wasserfälle rund um **Sabie** und die atemberaubende Bergwelt des **Blyde River Canyon Nature Reserve** machen die Provinz zu einem der beliebtesten Reiseziele Südafrikas. Hinzu kommt eine raue *Goldgräbertradition,* von der die einstige Goldminenstadt **Pilgrim's Rest** eindrucksvolles Zeugnis ablegt. Am Pilgrim's Greek kann man noch heute die Goldpfanne schwenken und mit etwas Glück ein kleines Goldstück finden.

35 Nelspruit

Feuchtheiße, grüne Metropole des Lowveld.

Die etwa 100 000 Einwohner zählende Hauptstadt Mpumalangas verdankt ihren ersten Entwicklungsschub dem Bau der Eisenbahnlinie 1891 von Pretoria zur Delagoa-Bucht am Indischen Ozean in Mosambik. Mit der Bahntrasse wollte der damalige Präsident Transvaals, *Paul Krüger*, einen von der verhassten britischen Kapkolonie unabhängigen Verkehrsweg zum Meer schaffen. Das fruchtbare Tal des Crocodile River, in dem die Stadt liegt, ist seit dem Ende des 19. Jh. auch Zentrum des Anbaus von Papayas, Litschis und Mangos sowie der Tabak- und Holzindustrie.

Nelspruit selbst verfügt über keine besonderen Sehenswürdigkeiten, jedoch hat das großzügig gestaltete Zentrum mit dem **Promenade Centre** und zahlreichen Einkaufsmöglichkeiten eine angenehme Atmosphäre. Samstags findet hier ein Flohmarkt statt.

◁ *Sonnenuntergang über Mpumalanga: ein unvergessliches Erlebnis von Wildnis und Freiheit im südafrikanischen Busch*

Farbenfreude und Geometrie: die Kunst der Ndebele

Seit Jahrhunderten lebt das Volk der Ndebele im Gebiet des heutigen Mpumalanga sowie nordöstlich von Tshwane/Pretoria und in der Gegend von Middelburg. Dieses künstlerisch besonders kreative Volk, das im 19. Jh. von den Buren militärisch schwer bedrängt wurde, ist vor allem durch die farbenfrohe Bemalung seiner **Häuser** bekannt. Besonders schöne Beispiele dieser Fassadenmalerei birgt die Missionsstation **Botshabelo** 13 km nördlich von Middelburg. Das dortige **Botshabelo Historical Village** (Tel. 013/245 90 03, Mo–Fr 7.30–16 Uhr) präsentiert die Farbenkunst der Ndebele in ihrer vollen Pracht.

Die traditionellen, vorwiegend geometrischen Muster werden heute oft durch Motive aus der zeitgenössischen Kunst ergänzt, vielfach finden nun auch Acrylfarben Verwendung. Bunt und fantasievoll sind auch **Kleidung** und **Schmuck** der Frauen. Während die verheirateten Damen Messingringe an Armen, Beinen und um den Hals tragen, schmücken sich junge Mädchen mit dicken, perlenbestickten Wülsten um Taille, Hals, Arme und Beine.

38 Blyde River Canyon Nature Reserve

Das Reservat ist mit seinem Canyon einer der landschaftlichen Höhepunkte im südlichen Afrika.

Das sich nördlich von Graskop bis Swadini erstreckende Naturreservat ist berühmt für seine spektakulären Felsformationen und seine herrlichen Ausblicke in grandiose Canyon-Landschaft.

Von Graskop führt die R 532 nordwärts an die westliche Abbruchkante des **Blyde River Canyon**. Kurze Stichstraßen und Fußwege von den Parkplätzen aus gewähren wahrhaft atemberaubende Blicke in die Tiefe – 600 m weiter unten windet sich der Blyde River, an seinen Ufern erheben sich imposante Felsgiganten, von denen die berühmten **Three Rondavels** zweifellos die markantesten sind. Einen der schönsten Ausblicke bietet **God's Window**, ein tiefer Felsspalt im Gebirge, der eine grandiose Sicht auf die steilen Hänge der Drakensberge sowie in das 1000 m tiefer gelegene Lowveld gewährt.

TOP TIPP

i Praktische Hinweise

Hotel

Trackers Mountain Chalets, Hoedspruit, Limpopo Provinz, Tel. 082/494 42 66, www.trackers.co.za. Romantische Übernachtung und bodenständige Küche unweit zweier Eingänge zum Kruger National Park.

39 Kruger National Park

TOP TIPP

Das Aushängeschild der südafrikanischen National Parks bietet eindrucksvolle afrikanische Wildnis.

Der Kruger National Park, das wohl berühmteste Wildreservat der Erde, lohnt auf jeden Fall einen Besuch, vor allem dann, wenn man das erste Mal im Lande ist und weite, beschwerliche Anreisen zu abgelegeneren Nationalparks scheut.

Von Johannesburg aus ist der viel frequentierte Südeingang des Parks nach 500 km in etwa 7 Std. per Auto bequem zu erreichen. Wem das zu lange dauert, der fliegt mit einer kleinen Maschine, die direkt im Park landet.

Im Jahre 1898 gegründet und später benannt nach *Paul Krüger*, dem früheren Präsidenten der Republik Transvaal und geistigen Vater des Reservats, bedeckt der Park eine Fläche von etwa 20 000 km². Die Nord-Süd-Ausdehnung beträgt ungefähr 350 km, die durchschnittliche West-Ost-Entfernung 60 km. Im Norden grenzt der Park an Zimbabwe, im Osten an Mosambik. Rund 2300 km geteerte und geschotterte Straßen durchziehen Busch und Savanne. Die größte Besucherdichte – auch Tagesgäste sind willkommen – herrscht im Süden, während man sich im Norden häufig allein in weiter Natur wiederfindet.

Über 20 *Rest Camps* bieten dem Besucher Entspannungs- und Übernachtungsmöglichkeiten. Vorzüglich als Ausgangspunkt für Streifzüge in die unberührteren Teile des Parks eignet sich das im Norden gelegene **Punda Maria**. Zugleich lässt sich von hier aus auch ein Abstecher zu den restaurierten Ruinen der eisenzeitlichen Palastanlage von *Thulamela* [s. S. 92] organisieren. Umgeben von Sykomoren, Mahagonibäumen und uralten Baobabs stellt sich in diesem rustikalen Camp noch eine Ahnung vom ›echten‹ Afrika ein, ohne dass auf den üblichen Komfort (Mehrbetthütten mit Bad, Kochnische und Kühlschrank, Grillplätze usw.) verzichtet werden müsste.

Das Skukuza Rest Camp am ›Paul Kruger Gate‹ genannten Südeingang des Nationalparks ist aus einer ärmlichen Hüttensiedlung hervorgegangen und dient heute als logistisches Zentrum des Parks. Das Camp beherbergt rund 600 der insgesamt 4000 Betten im *Kruger*. Hier ist auch der Großteil der insgesamt 4000 Parkangestellten stationiert. Zum Skukuza Camp gehören Flugplatz, Bank, Tankstelle, Polizeistation, Postamt, Bibliothek, Informationszentrum, Freiluftkino, Restaurants, Pools und natürlich – Souvenirläden. Von Skukuza aus lassen sich herrliche Fahrten in die herb-schöne Buschlandschaft unternehmen, sei es, um gezielt Wild zu beobachten oder um einfach ein eindrucksvolles Naturerlebnis zu genießen. Offene Fahrzeuge sind im ganzen Park verboten, ebenso ist das Verlassen der Autos untersagt, es können jedoch Pausen an zahlreichen Picknickplätzen eingelegt werden, die z. T. auch über Grillplätze verfügen.

Krugers Tierleben – geduldigen Beobachtern zeigen sich im berühmtesten Nationalpark Südafrikas die Klassiker afrikanischer Fauna ▷

Unter freiem Himmel: Verkauf am Straßenrand ist eine wichtige Einnahmequelle

Besonderheit darstellt. Das Swasi-Königshaus richtete hier 1967 ein königliches Jagdrevier ein, in dem die Natur ihren Lauf nimmt, ohne dass Wildhüter eingreifen. Die Folge ist u.a., dass hier viele Aasfresser wie Geier und Schakale vorkommen. *Wildbeobachtungen* im Park werden von kundigen Rangern geleitet, die *Unterbringung* erfolgt in gemütlichen Hütten, die mit allem Notwendigen ausgestattet sind.

Auf der Fahrt von Manzini in die Hauptstadt Mbabane erreicht man kurz hinter dem touristisch gut erschlossenen *Ezulwini* das **Ezulwini Valley** mit den königlichen Kraalen von Lositha und Lobamba. In Lobamba steht der *Embo State Palace,* der Königspalast. Das große repräsentative Gebäude ist allerdings nur von außen zu bewundern, selbst das Fotografieren ist hier verboten. 10 km weiter steht das *Lositha State House* aus dem Jahr 1978. Der Sitz der Swasi-Monarchie beeindruckt durch seine Pracht und Ausmaße. Die Größe der Anlage wird verständlich, wenn man bedenkt, dass Sobhuza II. (1899–1982) 600 Nachkommen hatte.

Akribie gefragt: kunstvoll gefertigte Strohmatten für den Alltag oder als Souvenir

Zum Ezulwini Valley gehört auch das **Mlilwane Wildlife Sanctuary** (Tel. 00268/528 39 43, www.biggameparks.org), wo sich die malerische Landschaft mit ihrer vielfältigen Tierwelt besonders reizvoll vom Rücken eines Pferdes aus erschließt. Darüber hinaus kann man wandern, schwimmen und schöne Souvenirs kaufen – eine große Auswahl an Handarbeiten der Swasi wird hier angeboten.

Das etwa 70 000 Einwohner zählende **Mbabane** liegt recht hübsch in einem Talkessel, der von den Dlangeni Hills gebildet wird. Entlang der *Allister Miller Street*, der Hauptdurchgangsstraße, befinden sich die meisten Geschäfte, Banken und diplomatischen Vertretungen. Der interessanteste Platz der Stadt ist zweifellos der *Swazi Market* am Ortseingang, gegenüber dem Swasi-Plaza-Komplex. Hier findet man Swasi-Kunsthandwerk in Hülle und Fülle, in gewebter, geschnitzter oder gemeißelter Form. Hinter dem Markt reihen sich einige schlichte *Restaurants* aneinander, an deren hygienische Standards allerdings keine all-

zu hohen Erwartungen gestellt werden sollten.

Praktische Hinweise

Landesvorwahl Swasiland
00268

Information
Swaziland Tourism Authority, Swazi Plaza, Mbabane, Tel. 4042531, www.welcometoswaziland.com

Einreise und Währung
Es gibt zwölf Grenzübergänge von Südafrika in das Königreich, drei der für Touristen wichtigsten sind tgl. 7–22 Uhr geöffnet. Es sind dies die Übergänge *Oshoek/Ngwenya*, *Mahamba* sowie *Golela/Lavumisa* im Süden. Ein vierter bedeutender Posten, *Josefsdal/Bulembu*, ist 8–16 Uhr geöffnet. Deutsche, Schweizer und Österreicher benötigen für die Einreise einen **Reisepass,** der noch sechs Monate gültig ist. Will man mit einem Mietwagen von Südafrika aus einreisen, sollte man sich diesbezüglich vorher bei der Verleihfirma erkundigen. Die **Währungseinheit** Swasilands ist der Lilangeni, in der Mehrzahl Emalangeni (E). Er entspricht dem südafrikanischen Rand, der – abgesehen von Münzen – überall akzeptiert wird. Der Rücktausch von E im Ausland ist schwierig.

Hotels
Foresters Arms, Mhlambanyatsi, Tel. 4674177, www.forestersarms.co.za. Unweit der Hauptstadt in herrlicher Natur gelegen. Golfplatz in der Nähe.

Mountain Inn, Mbabane, 1 km außerhalb des Zentrums, Tel. 4042781, www.mountaininn.sz. Aussicht auf das Ezulwini Valley, Garten mit Pool.

Rainbird Chalets, Bhunya Road, Malkerns, Tel. 5283452, zentrale Reservierung Tel. 021/6894020, www.portfolio collection.com/go/Rainbird-Chalets. Kleine Chalets mit Selbstversorgung inmitten einer Bananenplantage. Golf und Rafting nahebei.

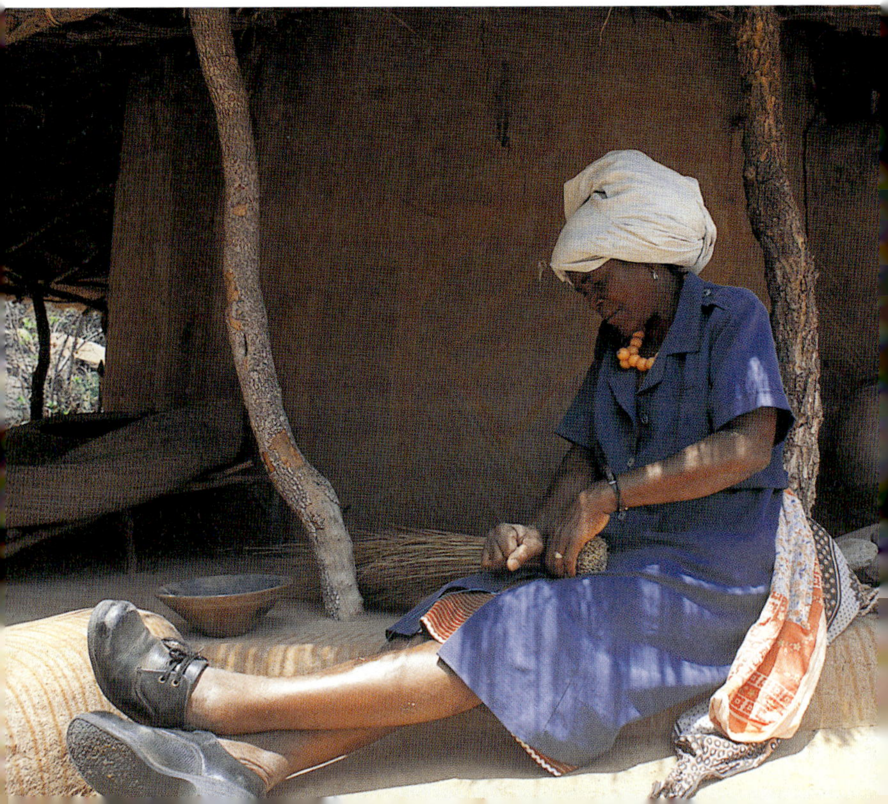

Limpopo-Provinz – im Land der Legenden und weiten Ebenen

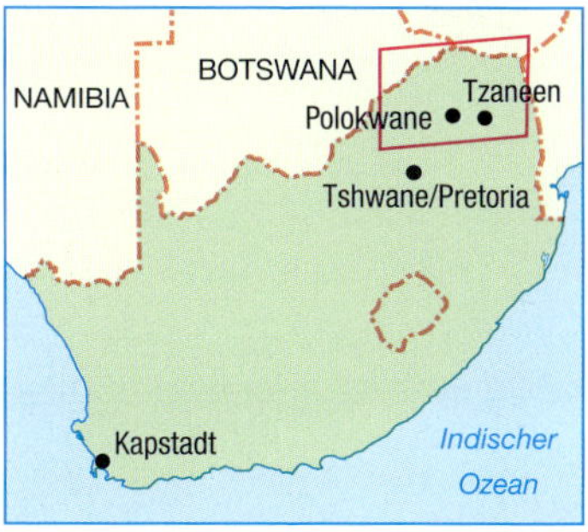

Flirrende Hitze über trockenem *Buschveld*, uralte Baobabs an den Ufern des träge dahinfließenden Limpopo und die Mythen der **Venda** prägen Südafrikas Grenzland im hohen Norden, die Limpopo-Provinz. Von der Provinzhauptstadt **Polokwane** mit ihren interessanten Museen und herrlichen Jacarandabäumen führt eine abwechslungsreiche Route durch die dichten Wälder rund um das hübsche Städtchen **Tzaneen** am östlichen Steilhang der Drakensberge. Im ›wilden Norden‹ verlocken der imposante **Soutpansberg** und die Region **Waterberg** mit ihren wunderbar einsamen Berglandschaften zu erlebnisreichen Wanderungen.

41 Polokwane

Idyllische Provinzhauptstadt.

Rund 320 km nördlich von Johannesburg liegt die Metropole der Limpopo-Provinz mit ihren breiten Straßen, den Jacaranda- und Korallenbäumen. Sie ist zugleich politisches, wirtschaftliches und kulturelles Zentrum der Region. 1884 vom damaligen Präsidenten Transvaals, Kommandant *Piet Joubert*, als Pietersburg gegründet, besitzt die etwa 300 000 Einwohner zählende Stadt heute nur noch wenige historische Bauten.

Die wichtigsten Sehenswürdigkeiten gruppieren sich um den mit hübschen Gärten und Wasseranlagen geschmückten **Civic Square**, dem ein Musikpavillon aus den 1920er-Jahren eine ganz eigene Note verleiht. In den Library Gardens liegt das **Polokwane Art Museum** (Tel. 015/290 21 77, Mo–Fr 9–16, Sa 9–12 Uhr), das eine umfangreiche Sammlung von Gemälden südafrikanischer Künstler besitzt.

In der restaurierten *Dutch Reformed Church* ist die bemerkenswerte Sammlung des **Hugh Exton Photographic Museum** (Tel. 015/290 21 86, Mo–Fr 9–15.30 Uhr) zu sehen. Sie enthält mehr als 23 000 Glasnegative des Fotografen Hugh Exton, die die Entwicklungsgeschichte der Stadt dokumentieren.

◁ *Das Bakone Malapa Northern Sotho Open Air Museum zeigt das Leben der Nord-Sotho*

Ausflug

9 km südlich von Polokwane lohnt das **Bakone Malapa Northern Sotho Open Air Museum** (Tel. 015/295 24 32, Mo–Fr 8.30–15.30, Sa 9–15.30 Uhr) einen Besuch. Es ist ein sog. Living Museum, in dem Angehörige des Bakone-Stammes, die zum Volk der Nord-Sotho gezählt werden, in einem nachgebauten Kraal traditionelle Lebensweisen und handwerkliche Fertigkeiten zeigen. Außerdem gibt es hier eine Dokumentation zur Nord-Sotho-Kultur und den Einflüssen der westlichen Zivilisation.

i Praktische Hinweise

Information

Limpopo Tourism & Parks Board, Church Street/13 Grobler Street, Polokwane, Tel. 015/290 73 00, www.golimpopo.com, www.polokwane.org.za

Hotels

******Protea Hotel The Ranch**, 22 km südlich von Polokwane an der N 1, Tel. 015/290 50 00, www.theranch.co.za. Freundliches Hotel auf einem Farmgelände mit Gärten.

******Victoria Place Guest House**, 32 Burger Street, Polokwane, Tel. 015/295 75 99, www.victoriaplace.co.za. Komfortabel eingerichtetes Gasthaus in viktorianischem Stil, mit Pool und hübschem Garten.

Laden zum Baden und Wandern ein: die Debengeni Falls

***__Garden Court Polokwane__, Thabo Mbeki Street/Paul Kruger Street, Polokwane, Tel. 015/291 20 30, www.southernsun.com. Modernes Haus im Zentrum.

Vivaldi Guest House, 2 Voortrekker St., Polokwane/Pietersburg, Tel. 015/295 34 45. Zentral gelegene Unterkunft mit persönlicher Atmosphäre, gemütlicher Innenhof.

42 Tzaneen und Magoebaskloof

Dichte Wälder, bunte Orchideen und ausgedehnte Teeplantagen.

Das Städtchen **Tzaneen** schmiegt sich an den östlichen Steilhang der Drakensberge. Hier werden Tee, Kaffee, Nüsse und Zitrusfrüchte angebaut. Der idyllische Ort eignet sich bestens als Ausgangspunkt für Ausflüge zu den 25 km westlich gelegenen Wasserfällen **Debengeni Falls**, wo man schwimmen und picknicken kann, sowie in die dicht bewaldete Berglandschaft von **Magoebaskloof** mit der gleichnamigen Passstraße. Wanderfreunde können die prächtigen Regenwälder entlang des 36 km langen *Dokolewa Trail* erforschen. Auch kleine Etappen sind möglich. Eine Tagestour über 14 km führt nach Grootbosch (›großer Wald‹), wo sich ausgedehnte Bestände einheimischer Hölzer befinden. Der eigentliche **Magoebaskloof Forest** ist der dichteste und unberührteste Wald der Region. Baumwipfel und Unterholz sind hier durch Kletter- und Schlingpflanzen zu einem Dickicht verwoben, das bunte Farbtupfer durch wilde Orchideen erhält.

Praktische Hinweise

Information

Tourism Centre, im Nordwesten von Tzaneen an der R 71, Tel. 015/307 35 82, www.golimpopo.com

Hotels

*****__Coach House__, Old Coach Road, 15 km südlich von Tzaneen, Tel. 015/306 80 00, www.coachhouse.co.za. Luxuriöse Ausstattung, exzellente Küche, Blick über die Berge.

****__Fairview River Lodge__, Old Gravelotte Road (R 71), 2 km östl. von Tzaneen, Tel. 015/307 26 79, www.fairviewlodge.co.za. Landhaus mit Restaurant, Golfplatz und Pool in einem 26 ha großen Areal mit riesigen Bäumen und subtropischer Vegetation.

43 Louis Trichardt

Günstiger Ausgangspunkt für die Erkundung des ›wilden Nordens‹.

Das nach einem Voortrekker-Führer benannte Städtchen, das zwischen 2003 und 2007 für kurze Zeit in Makhado umbenannt worden war, liegt an den südlichen Hängen der aus dem Highveld steil aufragenden Soutpansberge. Louis Trichardt ist aus dem 16 km westlich gelegenen *Schoemansdal* hervorgegangen, das 1867 von den Bavenda bis auf die Grundmauern niedergebrannt wurde. In der Mitte des 19. Jh. blühte dort zeitweilig der Elfenbein- und Waffenhandel, und bis zu 30 t Blei für Munition wechselten in manchen Jahren den Besitzer.

Heute ist Louis Trichardt eine wichtige Transitstation auf der Straße von Kapstadt nach Zimbabwe. Die Bevölkerung lebt überwiegend von der Rinderzucht sowie dem Anbau von Tee, Kaffee und Zitrusfrüchten.

Sehenswert ist das **Fort Hendrina** hinter dem Gebäude der Stadtverwaltung, ein kleines mobiles Fort aus Metall, mit dem sich die frühen Siedler gegen schwarze Stämme zu verteidigen suchten.

Ausflüge

Rund 20 km östlich der Stadt bietet der **Albasini-Damm** erfrischende Wassersportmöglichkeiten (ohne Bilharzia-Gefahr, s. S. 131). Der Portugiese *João Albasini* handelte hier einst mit den Voortrekkern Elfenbein, das er in die Delagoa Bay von Mosambik weitertransportierte.

Das **Schoemansdal Museum** (Tel. 015/516 20 82, zzt. nach einem Brand geschl.) an der westwärts nach Vivo führenden R 522 ist eine interessante Nachbildung der ehem. Voortrekker-Siedlung und gestattet einen Einblick in die Alltagswelt der Buren in der Mitte des 19. Jh.

Weiter westlich zweigt eine Piste nordwärts zur Missionsstation von **Buysdorp** ab. *Coenraad de Buys* machte sich im frühen 19. Jh. als Vagabund, Gesetzesbrecher und Abenteurer einen Namen. Transvaal-Präsident Paul Krüger überließ den ›Buys-Leuten‹ schließlich ein Stück Land am Fuße des Soutpansberg, wo ihre Nachkommen heute noch leben.

Ein alter Ochsenwagen der Buren im Schoemansdal Voortrekker Town and Museum

i Praktische Hinweise

Information

Soutpansberg Tourism, N 1/Songowzi Street, Louis Trichardt, Tel. 015/516 00 40, www.soutpansberg-tourism.co.za

Hotel

*****Bergwater**, 5 Rissik Street, Louis Trichardt, Tel. 015/516 02 62. Geschmackvoll gestaltetes Haus mit gutem Service und mit Pool.

44 Soutpansberg

Imposanter Höhenzug im Norden.

Dichte Wälder aus Kiefern, Eukalyptus-, Stinkwood- und Yellowwoodbäumen bedecken die Hänge dieses sich über 130 km in west-östlicher Richtung erstreckenden Bergmassivs. Sein Name (›Salzpfannenberg‹) weist auf die *Salzvorkommen* am nordwestlichen Rand des Höhenzugs hin, die über Jahrhunderte von Schwarzen und Weißen gleichermaßen ausgebeutet wurden.

Auf der Kuppe der Bergkette, wo die Fernstraße N 1 die Felsen durchschneidet, bietet sich von dem Gelände des

TOP TIPP

Clouds End Hotel [s. S. 100] ein fantastischer *Ausblick* nach Süden über das Plateau des Highveld. Ähnliche Panoramaerlebnisse ermöglicht ein Besuch des **Entabeni State Forest**, den man östlich von Louis Trichardt auf der R 524 erreicht. Drei kleine *Naturreservate* inner-

Stolzer Jäger: Kampfadler mit erbeuteter Eidechse im Entabeni State Forest

halb dieses Waldes machen den Besucher mit den Bemühungen der Behörden vertraut, einheimische Baumbestände zu rekultivieren. Außerdem sind hier zahlreiche Tierarten zu Hause, darunter Affen, Antilopen, Leoparden und verschiedene Greifvogelarten.

Einen besonders intensiven Eindruck von dieser Mittelgebirgslandschaft vermittelt der **Soutpansberg Hiking Trail** (Infos: Tel. 013/754 27 24, www.komatiecotourism.co.za). Dieser rund 20 km lange Wanderweg besteht aus zwei Tagesetappen und führt durch Eukalyptus- und Stinkwoodwälder. Übernachten kann man in Schutzhütten.

TOP TIPP

i Praktische Hinweise

Information

Soutpansberg Tourism [s. S. 99]

Hotel

***__Clouds End__, auf der Passhöhe nördlich von Louis Trichardt, Tel. 015/517 70 21, cloudsend@mweb.co.za. Gemütliche Atmosphäre, einmaliger Blick auf das Highveld am Fuße der Berge.

45 Musina Nature Reserve

TOP TIPP *Feurige Sonnenuntergänge am afrikanischen Abendhimmel.*

Das **Musina Nature Reserve** (Tel. 015/516 34 15, tgl. 7.30–16 Uhr, Unterbringung in einem Safari-Camp mit Zelten möglich) liegt 6 km südlich der Stadt Musina und ist die Heimat von etwa 12 000 Affenbrotbäumen (Baobabs). Diese beeindruckenden Baumriesen ragen zum Teil über 20 m in den Himmel und erreichen einen Umfang von 16 m. Auf den verschiedenen Wanderwegen durch das Reservat bieten sich außerdem gute Möglichkeiten zur Beobachtung von Wildtieren, wie der seltenen Rappenantilope, Giraffen, Zebras und Kudus.

Ausflug

Baobabs begleiten den Reisenden auch zum 17 km entfernten Grenzübergang **Beit Bridge** am Limpopo, dessen nördliches Ufer bereits zu Zimbabwe gehört. Besonders stimmungsvoll wirkt die Landschaft, wenn abends die Sonne hinter den knorrigen Baumriesen versinkt.

i Praktische Hinweise

Information

Musina Tourist Office, Limpopo Avenue, Musina, Tel. 015/534 35 00, www.musina.gov.za

Hotels

******Klein Bolayi Game Lodge**, 19 km westl. von Musina, Tel. 015/534 09 75, www.gamelodgebolayi.com. Komfortable Unterkünfte in hübschen, mit Gras gedeckten Chalets in einem privaten Wildschutzgebiet. Das Restaurant bietet deutsche und südafrikanische Küche.

Tierische Lausbuben: Körperpflege bei den Vervet Monkeys im Entabeni State Forest

Der Big Tree bei Tshipise ist mit über 30 m ›Leibesumfang‹ Südafrikas größter Baobab

Günther's Country House, Irvin Street, Musina, Tel. 015/534 10 19. Gute Übernachtungsgelegenheit auf dem Weg nach Zimbabwe.

46 Venda

Legenden und Mythen im tiefen Busch.

Im äußersten Nordosten Südafrikas, zwischen der N 1 und dem nördlichen Kruger National Park [Nr. 39], erstreckt sich das bitterarme Land der Venda, das während der Apartheidjahre den Status eines Homelands hatte. Hier leben überwiegend Angehörige des Venda-Volkes, die noch ganz ihrem Glauben, ihren Mythen und ihren Gebräuchen verbunden sind. So werden die Jugendlichen bei dem komplexen Initiationsritus mehrere Wochen von ihren Familien getrennt und von einer Art Lehrmeister für die Aufnahme in die Erwachsenenwelt geschult.

Thohoyandou, die Hauptstadt von Venda, verfügt im Zentrum über einige Verwaltungsgebäude aus der Apartheidzeit. Als Attraktion für Freunde des Glücksspiels lockt das *Casino* vom Khoroni Hotel [s. S. 102]. Im Übrigen ist die Stadt ein guter Ausgangspunkt, um den nördlichen Teil des *Kruger National Park* [Nr. 39] zu erkunden.

Der von Bergen umgebene **Lake Fundudzi** genießt die besondere Verehrung der Venda, lebten in dieser Gegend doch einst mächtige Medizinmänner. Nach dem Glauben der Venda haust tief unten im See die Python-Gottheit der Fruchtbarkeit – kein Wunder, dass Baden und Waschen hier verboten sind. Theoretisch ist ein Besuch des ca. 35 km nordwestlich von Thohoyandou gelegenen Sees mit einer Erlaubnis der lokalen Behörden möglich, sie wird nur sehr selten erteilt.

In **Tshipise**, ca. 40 km südöstlich von Musina, sprudeln *heiße Quellen* aus dem Erdreich, die den Venda ebenfalls heilig sind. Ein *Heilbad* mit touristischen Einrichtungen sorgt hier für Entspannung. *Felsformationen* im nahen Sand River tragen den wissenschaftlichen Namen **Sand River Gneiss**. Sie zählen mit ihren 3,8 Mrd. Jahren zu den ältesten der Erde. Über Staubpisten gelangt man von Tshipise auch zum **Big Tree**, dem landesweit größten Baobabbaum, dessen Umfang weit über 30 m beträgt. Seit wohl über 1000 Jahren ist er stummer Zeuge des Geschehens in diesem verlassenen Teil Afrikas.

Auf der Suche nach dem großen Glück: Spielautomaten im Casino von Thohoyandou

Praktische Hinweise

Information

Thohoyandou Tourist Office, Ditike Craft Centre, an der Straße nach Louis Trichardt, Tel. 015/964 15 77

Hotel

*****Khoroni**, Mphephu Street, Thohoyandou, Tel. 015/962 46 00, www.khoroni.co.za. Hotel im Zentrum mit Casino.

Familienkutsche: Das Eselgespann der Venda ist vielseitig im Einsatz

47 Waterberg

Thermalquellen und unberührte Berglandschaften.

Im Südwesten der Limpopo-Provinz dehnt sich die bis knapp über 2000 m ansteigende Landschaftsregion Waterberg mit ihren Bächen, Quellen und Feuchtgebieten aus. Kletterer sehen sich hier durch senkrecht aufragende Felspartien herausgefordert und Vogelfreunde haben die Chance, auf der ›Geierpalast‹ genannten Anhöhe die seltenen *Kapgeier* zu beobachten. Ein beeindruckendes Naturerlebnis ist auch die 20 km südlich von Ellisras gelegene **Lapalala Wilderness Area** (Tel. 014/755 43 95, www.lapalala.com), in der neben zahlreichen anderen Tierarten auch die seltene Pferdeantilope zu Hause ist.

Wichtigster Ort der Region ist **Modimolle**, dessen ursprünglicher Name Nylstroom das Ergebnis eines veritablen historischen Irrtums ist. Dachten doch die burischen Voortrekker, als sie vom Kap nach Norden zogen, sie hätten hier gerade den Fluss Nil überquert und seien nun am Ziel ihres Exodus, dem Heiligen Land, angekommen. Das örtliche *Museum* widmet sich besonders dem Leben J. G. Strijdoms, des zweiten Premierministers von Südafrika in der Apartheidära, der seinen

Wahlkreis für die Nationale Partei im Waterberg-Gebiet hatte.

Knapp 30 km südlich von Modimolle liegt das Mineralbad **Bela-Bela/Warmbaths**, dessen Anlagen denen von Baden-Baden nachempfunden wurden. Die besonders bei Rheumakranken beliebten Thermalquellen ziehen jedes Jahr rund 250 000 Kurgäste an.

Westlich von Modimolle entstand 1953 die Bergbaustadt **Thabazimbi**. Sie hat zwar dem Besucher nichts Sehenswertes zu bieten, doch eignet sie sich gut als Ausgangspunkt für Fahrten in verschiedene Naturreservate.

In dem 1996 eröffneten **Marakele National Park** (s. u.) ca. 30 km nordöstlich von Thabazimbi versuchen die Behörden aus der Not des Kruger National Park [Nr. 39] eine Tugend zu machen: Da der Kruger von *Elefanten* überbevölkert ist, der Abschuss von jährlich 400 Elefanten jedoch auf Kritik stieß, werden die großen Dickhäuter jetzt von dort auf das derzeit 44 000 ha große Marakele-Gelände umgesiedelt. Darüber hinaus bietet der Park 275 Vogel- und 21 Großtierarten ein Refugium, unter anderem auch dem vom Aussterben bedrohten Kapgeier. Für Besucher stehen zwei verschiedene Unterkünfte zur Verfügung: ein Campingplatz neben der Parkrezeption oder ein Camp mit komplett ausgestatteten Safarizelten, das an einem vom Tlopi-Fluss gespeisten Stausee liegt. Vom Fluss aus genießt man einen großartigen Blick auf Wasserlilien, subtropische Farne und Yellowwood-Bäume. Die Zufahrt über meist sandige Pisten ist nur mit geländegängigen Fahrzeugen möglich.

i Praktische Hinweise

Information

Modimolle Info & Tourism, Nelson Mandela Drive, Modimolle, Tel. 014/717 18 18, www.modimolletourism.net

Bela-Bela Tourism, Bela-Bela Waterfront, Bela-Bela/Warmbaths, Tel. 014/736 36 94, www.belabelatourism.co.za

Marakele National Park, Tel 014/777 69 29, www.sanparks.org/parks/marakele, Sept.–April tgl. 7.30–18, Mai–Aug. tgl. 7.30–17 Uhr

Hotel

*****Protea Hotel Shangri-La**, Eersbewoond Road, zwischen Bela-Bela/Warmsbaths und Modimolle, Tel. 014/718 16 00, www.proteahotels.com/shangrila. Komfortables Hotel auf einer 32 ha-Farm, mit herrlichem Pool, in der Nähe liegt ein Kraal des Ndebele-Stammes.

Keine Kostverächter: Elefanten sind die größten Tiere unter den ›Big Five‹. Ein Bulle benötigt bis zu 300 kg Pflanzennahrung pro Tag

Nordwest-Provinz – Wunderwelten, Wildnis pur und fruchtbare Landschaft

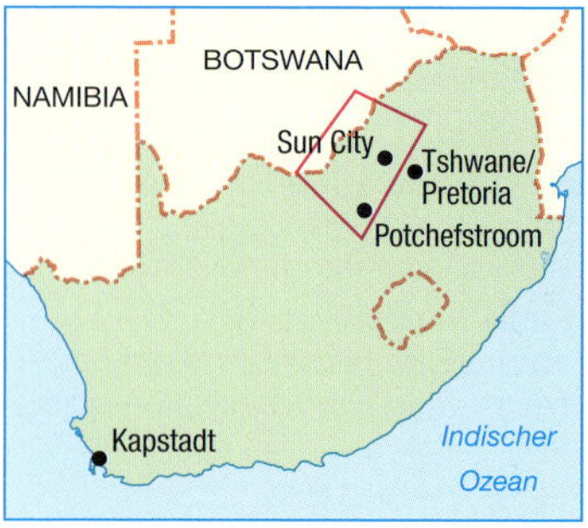

Die endlosen Weiten afrikanischer Ebenen, Mais- und Tabakfelder, die bis zum Horizont reichen sowie die Glitzerwelt von **Sun City**, der südafrikanischen Antwort auf Las Vegas, charakterisieren heute die herbe Nordwest-Provinz Südafrikas. Einen eindrucksvollen Kontrast hierzu bilden die urwüchsige Natur und die wilde Bergschönheit des größten Nationalparks des Landes, des **Pilanesberg Game Reserve**. Er ist eingebettet in den Krater eines vor Jahrmillionen erloschenen Vulkans von 27 km Durchmesser und wird von etwa 10 000 Tieren bevölkert. An die Burentradition vergangener Zeiten erinnert die Stadt **Potchefstroom**.

48 Sun City

Der schöne Schein schlechthin.

Etwa 250 km nordwestlich von Johannesburg liegt am südlichen Rand des *Pilanesberg Game Reserve* [Nr. 49] Sun City. Geliebt und gehasst wegen ihres geradezu provokativen Luxus inmitten der bitteren Armut der Region, lockt die Stadt aus Kunststoff, Glas und Marmor zigtausende Touristen und Spieler an.

Sol Kerzner, millionenschwerer Hotelmagnat aus Johannesburg, stampfte die Vergnügungsstadt während der Apartheidjahre in dem Homeland Bophuthatswana aus dem Boden, als so manche Lustbarkeit im calvinistisch-prüden Südafrika noch verpönt war. Längst eine Hauptattraktion des südafrikanischen Tourismus, wirkt Sun City mit ihrem künstlichen tropischen Dschungel, ihren Palmen, Stränden und synthetisch erzeugten Meereswellen wie eine unwirkliche Oase. Kinos, Sportanlagen und hochkarätige Unterhaltungsshows gehören ebenso zum Angebot wie Glücksspiele. Im Dezember wird hier alljährlich die **Miss South Africa Pageant**, die schönste Frau Südafrikasgewählt.

Sun City verfügt über Hotels aller Kategorien, als absolutes Superlativ überragt sie der **Palace of the Lost City** (s. u.) mit seinen Türmen, Minaretten und Mosaiken. Als Kontrastprogramm kann man bei Ausflügen ins nahegelegene Pilanesberg Game Reserve [Nr. 49] bei Pirschfahrten und Wanderungen die Natur erleben.

The Palace of the Lost City: Luxushotel in der Vergnügungsstadt Sun City ▷

Natur pur: ein besonderes Erlebnis ist eine Safari auf dem Elefantenrücken

Praktische Hinweise

Information

Sun City Resort Welcome Centre, Sun City, Tel. 014/557 15 50, internationale Reservierungen: Tel. 011/780 78 78, www.suninternational.com

Hotels

*****The Palace of the Lost City**, Sun City, zentrale Reservierung Tel. 014/557 10 00, www.suninternational.com. Atemberaubendes Luxushotel, das zum erlesenen Kreis der ›Leading Hotels of the World‹ gehört.

*****The Cascades**, Sun City, zentrale Reservierung Tel. 014/557 10 00, www.suninternational.com. Hotelanlage mit großem Garten, in dem sich rauschende Kaskaden und eine tropische Pool-Landschaft befinden.

49 Pilanesberg Game Reserve

TOP TIPP

Ein ursprüngliches Stück Afrika vor den Toren Johannesburgs in einem erloschenen Vulkan.

Stärker könnte der Kontrast kaum sein: Von Sun City zum Naturwunder Pilanesberg ist es kaum mehr als ein Katzensprung. Eingebettet in den Krater eines vor Jahrmillionen erloschenen Vulkans von 27 km Durchmesser, erstreckt sich der Pilanesberg Game Reserve Nationalpark über eine Fläche von 58 000 ha, was ihn zu einem der größten im Lande macht.

Vor allem Urlauber aus dem Großraum Johannesburg genießen hier die authentische afrikanische *Naturerfahrung*. Rund 10 000 Tiere, darunter Elefanten, Leoparden, Löwen, Nashörner, Büffel und Flusspferde sowie mehr als 300 Vogelarten sind auf dem Areal zu Hause. Mehr als 200 km guter Straßen stehen dem Besucher für selbständige Fahrten durch den Park zur Verfügung, zahlreiche Aussichtsplätze und Picknickareale laden zum Verweilen ein. *Geführte Wanderungen* sind von den Unterkünften aus möglich – unvergesslich ist natürlich auch eine Nachtpirsch unter dem Kreuz des Südens. Das Angebot an *Unterkünften* im Park reicht von Safarizelten bis hin zu luxuriösen Chalets und Hotels (Infos und Reservierungen unter: Tel. 014/555 10 00).

i Praktische Hinweise

Information

Pilanesberg Game Reserve, Tel. 014/555 16 00, Mai–Sept. tgl. 6.30–18, Nov.–Febr. tgl. 5.30–19, März/April, Okt. tgl. 6–18.30 Uhr, www.pilanesberg-game-reserve.co.za

50 Potchefstroom

Erinnerungen an die Burentradition vergangener Tage.

Die erste Hauptstadt der alten Republik Transvaal wurde 1838 von dem Voortrekker *Hendrik Potgieter* gegründet, nachdem dieser die eingeborenen Kampfverbände Mzilikazis geschlagen und gen Norden abgedrängt hatte. Heute ein bedeutendes Zentrum für Rinderzucht sowie Erdnuss- und Sonnenblumenanbau, galt ›Potch‹ bis zur politischen Wende 1990 als ausgesprochen konservativ im Sinne burisch-calvinistischer Prägung.

Sehenswert sind im Stadtzentrum zunächst die 1866 errichtete **Dutch Reformed Church**, die älteste Kirche im Nordwesten Südafrikas, sowie die benachbarte **St. Mary's Anglican Church** (1891), deren Stolz ihre prächtigen Glasfenster sind.

Ein wichtiges Besucherziel ist auch der Komplex des **Potchefstroom Museum** (Tel. 018/299 50 23, Mo–Fr 9–13 und 14–16.30 Uhr), das mehrere Einrichtungen umfasst: Das *Main Museum* (Gouws Street/Wolmarans Street) zeigt im Wechsel kunst- und kulturhistorische Ausstellungen. Das nach deutschen Siedlern der Frühzeit der Stadt benannte *Goetz/Fleischack Museum* (Gouws Street/ Potgieter Street) reflektiert den bürgerlich-viktorianischen Lebensstil vom Ende des 19. Jh., das *President Pretorius Museum* (Esselen Street/van der Hoff Road) spiegelt das urbane Ambiente im Haus des früheren Präsidenten Martinus Wessel Pretorius wider. Das *Totius House Museum* (Molen Street) schließlich ist dem Leben und Werk von J.D. du Toit gewidmet. Ihm verdankt Südafrika die erste Bibelübersetzung ins Afrikaans.

Praktische Hinweise

Information

Information Office, Town Hall, Kerk St., Potchefstroom, Tel. 018/293 16 11, www.potchefstroom.co.za.

Hotels

******Akkerlaan Guest House**, 54 Peter Mokaba Avenue, Potchefstroom, Tel. 018/ 293 12 13, www.akkerlaan.co.za. Individuell gestaltete Zimmer, ruhig und zentral.

Oben: *Ruhe vor dem Sturm – stündlich erschüttert ein ferngesteuertes Erdbeben den Elephant Walk in Sun City (oben)*
Unten: *Posieren für die Kamera – Nashörner im Pilanesberg Game Reserve*

ISTIAAN RUDOLPH DE WET
1854 – 1922

Freistaat – dörfliche Idyllen und überwältigende Bergszenarien im Herzen Südafrikas

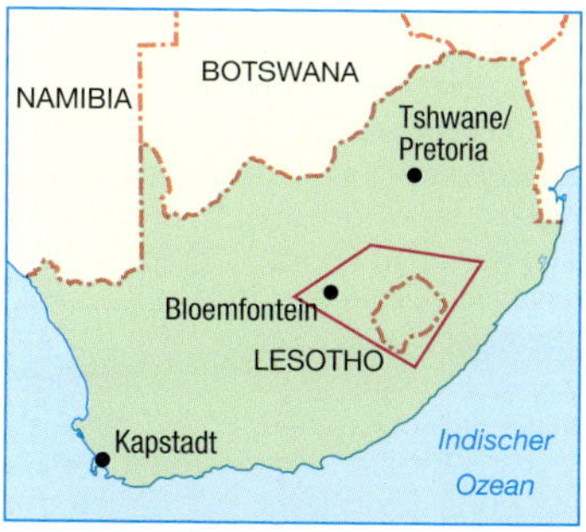

Die früher Oranje-Freistaat genannte Provinz Freistaat mit ihrer Hauptstadt **Bloemfontein** liegt zwischen den Flüssen *Vaal* und *Oranje* im Landesinneren und ist vergleichsweise reich. Satte Weidelandschaften, Viehherden und ausgedehnte Weizenfelder rund um das malerische Städtchen **Bethlehem** bezeugen den Wohlstand. Im Osten der Provinz ragen bizarre Sandsteinformationen des *Rooiberg* in den Himmel und mit dem **Golden Gate Highlands National Park** erstreckt sich eine der faszinierendsten Landschaften in Südafrika. Ein Abstecher in das **Königreich Lesotho** führt durch eine grandiose Bergwelt, deren Besuch man nicht versäumen sollte.

51 Bloemfontein *Plan Seite 110*

Provinzhauptstadt mit Charme.

Die auf den ersten Blick ein wenig spröde wirkende Provinzhauptstadt mit gut 460 000 Einwohnern wurde 1846 gegründet und ist Sitz des Obersten Gerichtshofes von Südafrika. Auch als ›Stadt der Rosen‹ bekannt, verdankt Bloemfontein seinen Namen wohl den vielen Blumen, die um eine Quelle in der ersten Siedlung der Weißen sprossen. Scherzhaft wird die Stadt heute manchmal ›Tolkienfontein‹ genannt, nach dem Schöpfer des ›Herrn der Ringe‹ J.R. Tolkien (1892–1973), der hier geboren wurde und dessen kurzer Aufenthalt von 3 Jahren nun in einem **Tolkien Trail** gewürdigt wird. Der Spaziergang gibt einen Überblick über das Leben von Tolkien und seiner Familie in der Stadt. Er führt vom Friedhof, auf dem der Vater begraben wurde, über die Kirche, in der er getauft wurde, zum Haus seiner Kindheit (Infos und Broschüre, Tel. 051/405 84 89).

Obwohl Bloemfontein Teile der alten Bausubstanz moderner Zweckarchitektur – umstritten war zeitweilig der Glaspalast der Stadtverwaltung **Civic Centre** – geopfert hat, verfügt die Metropole dennoch über eine beachtliche Zahl interessanter Gebäude aus vergangenen Tagen.

Die **President Brand Street** im Zentrum ist die geschichtsträchtigste Straße und mit ihren Sandsteinbauten im klassischen Stil eine der würdevollsten des Landes. Die meisten Sehenswürdigkeiten sind hier wie an einer Perlenschnur aufgereiht. Den Anfang macht die **City Hall** ❶. Sie ist mit ihren Türmen und den Teichanlagen an der Frontseite das Wahrzeichen der Stadt. Im *Inneren* überrascht eine wertvolle Ausstattung aus italienischem Marmor und burmesischem Holz.

Wenige Meter weiter steht der **Appeal Court** ❷, das Berufungsgericht des Obersten Gerichtshofes. Dieses zweistöckige Gebäude von 1929 besitzt eindrucksvolle, mit Stinkwoodtäfelung und Schnitzarbeiten dekorierte Innenräume.

Gleich gegenüber befindet sich der **Fourth Raadsaal** ❸, seit 1854 das Parlamentsgebäude der damaligen Oranje-Republik. Dieses mit einer Kuppel versehene Bauwerk gilt als das einzige seiner Art, das noch den Stil der Pioniere Bloemfonteins im 19. Jh. widerspiegelt. Interessant ist die Kombination von Klassizismus und Neorenaissance in der *Säulenarchitektur*, während die Verwendung von Sandstein und Ziegel für die Freistaat-Architektur typisch ist.

Da seit der politischen Wende die afrikaanse Kultur und Sprache an Einfluss verliert, dürfte das **National Afrikaans**

◁ *Eines der schönsten Gebäude und Wahrzeichen Bloemfonteins: Fourth Raadsaal mit Christiaan-de-Wet-Denkmal*

Literary Museum and Research Centre 4 (Tel. 051/405 40 34, Mo–Fr 8–16, Sa 9–12 Uhr) mit seiner sehr gut sortierten Bibliothek afrikaanser Autoren immer mehr an Bedeutung gewinnen. Teil des Komplexes sind das *Afrikaans Music Museum* sowie das *Theatre Museum*, die alte Musikalien und Kostüme zeigen.

An der Ecke zur St. Georges Street steht der imposante viktorianische Bau der **Old Presidency** 5 (Tel. 051/448 09 49, Mo–Fr 8–15.30 Uhr) aus dem Jahr 1885. Nach seiner Restaurierung entstand aus der ehem. Residenz der Präsidenten ein Museum, das sich mit der Geschichte des Freistaates beschäftigt und historische Einrichtungsgegenstände zeigt, sowie ein Kulturzentrum für Kunstausstellungen und Konzerte. Wenige Schritte entfernt bildet der **First Raadsaal** 6 (Tel. 051/447 96 10, www.nasmus.co.za, Mo–Fr 10–13, Sa/So 14–17 Uhr) den Abschluss des Spaziergangs entlang der President Brand Street. Als Schule 1849 fertiggestellt, dann als Sitz des Parlaments und als Kirche genutzt, ist es das älteste original erhaltene Gebäude der Stadt und zeigt heute in seinen Räumen eine Sammlung zur Stadtgeschichte.

Von 1880 stammt die **Tweetoringkerk** 7 der Holländisch-Reformierten Gemeinde an der Church Mall. Die beiden charakteristischen *Türme* sind denen des Bamberger Doms nachempfunden.

Etwas westlich des Zentrums liegt an einem künstlichen See die Loch Logan Waterfront (First Avenue/Henry Street, www.lochlogan.co.za), eines der größten Einkaufs- und Vergnügungszentren Südafrikas. Mit über 100 Geschäften, diversen Restaurants, Bars und Kinos bietet der moderne Komplex alles, was das Herz von Shoppingfreunden begehrt.

Einen *Panoramablick* über die Stadt gewährt der **Naval Hill** 8, der seinen Namen zwei britischen Schiffskanonen verdankt, die am höchsten Punkt stehen. Wegen der oft sternklaren Nächte errichtete hier die University of Michigan 1927 das *Lamont Hussey Observatory*, das bis in die 1970er-Jahre in Betrieb war. Heute dient es unter dem Namen *Observatory Theatre* als Theater- und Kulturzentrum.

Am Fuße des Naval Hill bietet das **Franklin Game Reserve** 9 (Tel. 051/405 81 24, tgl. 8–17 Uhr) Naturgenuss in Gesellschaft zahlreicher Wildtiere und Vogelarten. Bloemfontein ist damit weltweit eine der wenigen Großstädte, die ein Wildreservat in der City besitzen.

i Praktische Hinweise

Information

Bloemfontein Tourist Information Office, 60 Park Road, Willows, Bloemfontein, Tel. 051/405 84 89, www.bloemfontein.co.za

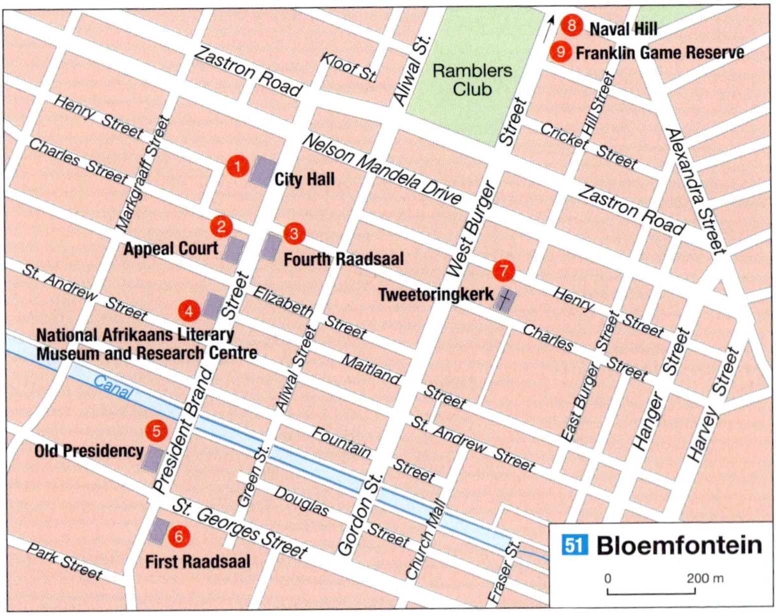

Gold- und orangefarben schimmernde Bergmassive bestimmen das Landschaftsbild des Golden Gate Highlands National Park an der Grenze zu Lesotho

Hotels

****__Hobbit Boutique Hotel__, 19 President Steyn Avenue, Westdene, Bloemfontein, Tel. 051/447 06 63, www.hobbit.co.za. Gemütliches Haus von 1925 mit viktorianischem Interieur.

***__Southern Sun Bloemfontein__, Nelson Mandela Drive/Melville Drive, Brandwag, Bloemfontein, Tel. 051/444 12 53, www.southernsun.com. Geschmackvolle Anlage mit Garten und Pool.

***__President__, 1 Union Avenue, Bloemfontein, Tel. 051/430 11 11, www.hotelpresident.co.za. Modernes, mehrstöckiges Haus auf dem Naval Hill.

Restaurants

St. Elmo's Pizzeria, Quik Spar Centre, Heuwelsig, Bloemfontein, Tel. 051/436/91 58, www.stelmos.co.za. Gute Holzofenpizza.

52 Bethlehem und Clarens

Kleinstadt- und Dorfidylle am Rande grandioser Bergwelt.

Am Ufer des *Jordan River* und umgeben von riesigen Weizenfeldern liegt der beliebte Ferienort **Bethlehem**. Sein *Stadtbild* vor der großartigen Kulisse der im Süden aufragenden Malutiberge zählt zu den schönsten im Freistaat. Die um 1840 von Voortrekkern gegründete Siedlung besitzt noch eine Reihe historischer Gebäude, die z. T. zu Nationaldenkmälern erklärt wurden. Im *Bethlehem Museum* (7 Muller Street, Tel. 058/303 34 77, Di–Fr 10–17 Uhr) kann man sich über die Stadtgeschichte informieren. Lohnend ist auch ein Besuch des *Pretoriuskloof Nature Reserve*, das sich an den Ufern des Jordan River erstreckt. In dem Schutzgebiet sind zahlreiche Vogelarten und Kleinwild zu beobachten. Etwas außerhalb der Stadt kann man das *Wolhuterskop Game and Nature Reserve* (Tel. 058/303 57 32) zu Pferd erkunden und Antilopen beobachten. Auch Wanderungen werden angeboten. Hoch hinaus geht es im Juni, dann ist Bethlehem Schauplatz der *National Hot Air Balloon Championship*, zu der Heißluftballon-Fans aus aller Welt anreisen.

Das 40 km südlich von Bethlehem am Eingang zum Golden Gate Highlands National Park [Nr. 53] gelegene **Clarens** wird zuweilen auch ›Juwel des Freistaats‹ genannt. In unmittelbarer Nähe beeindrucken die fantastischen Felsformationen des Rooiberg aus gelbem und rötlichem Sandstein, der für diese Gegend so typisch ist. Hier hat man Gelegenheit zum Klettern, Abseiling und White Water Rafting (Infos: Tel. 058/256 11 73, www.infoclarens.com). Im Ort selbst gibt es eine Reihe von kleinen *Kunstgewerbegalerien*. Rund um den Ort warten viele schöne *Felsmalereien der San* auf ihre Entdeckung.

Gauteng – Metropolen voller Kontraste

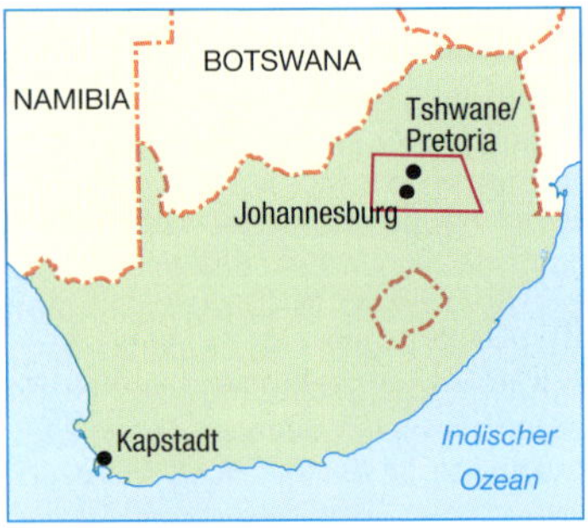

Gauteng ist ein Sotho-Wort und bedeutet ›Platz des Goldes‹ – ein Hinweis auf die historische Bedeutung dieser Region als eine der einstmals größten Goldlagerstätten der Erde. Als flächenmäßig kleinste Provinz des Landes verzeichnet Gauteng zugleich die bei weitem größte Bevölkerungsdichte. Durch Landflucht entsteht hier eine gigantische Megalopolis, deren beiden Pole **Johannesburg** und **Tshwane/Pretoria** sind. Landschaftlich bietet die Provinz wenig, dafür präsentiert sich das urbane Leben umso schillernder und vielfältiger. Zu den Attraktionen zählen neben zahlreichen sehenswerten **Museen** und **Galerien** vor allem die **Flohmärkte**.

55 Johannesburg *Plan Seite 117*

Das wirtschaftliche Herz Südafrikas besticht durch seine schrillen Widersprüche.

Johannesburg – oder kurz *Jo'burg* – heißt in den Nguni-Sprachen *eGoli*, ›Ort des Goldes‹. Mit seinen 3,2 Mio. Einwohnern ist es die größte Stadt Südafrikas.

Geschichte Es war im Jahr 1886, als der australische Goldsucher *George Harrison* auf der Farm Langlaagte am Fuße der sanft ansteigenden Witwatersrand-Berge auf Spuren von Gold stieß. Wenig später stellte sich heraus, dass er die reichsten **Goldfelder** der Erde entdeckt hatte. In kurzer Zeit entstand aus ein paar Zelten und Bruchbuden eine erste Siedlung, die Schürfer aus aller Welt anzog. Im Juli 1886 lebten bereits 2500 Menschen am ›Rand‹. Sehr zum Verdruss der puritanisch-calvinistischen Burenregierung Transvaals im 60 km nördlich gelegenen Pretoria wucherte nun vor ihren Augen eine Stadt, deren einzige Existenzberechtigung aus Gold, Glücksspiel, Alkohol und Prostitution zu bestehen schien. Für den echten Buren sollte Johannesburg immer das Sündenbabel schlechthin bleiben, der Ort des Lasters und der ungeliebten Fremden, der ›uitlander‹. Die Goldvorkommen am ›Rand‹ lagerten dergestalt, dass private Schürfer ohne Kapitalausstattung bald nicht mehr profitabel arbeiten konnten, da Investitionen in tiefe Schächte, technische Ausrüstung und Fachpersonal erforderlich wurden.

Nun schlug die Stunde der **Randlords**, jener im Wortsinn steinreichen Kapitalisten von den Diamantenminen in Kimberley, einige Hundert Kilometer von Johan-

Lichterspektakel: Johannesburgs Skyline strahlt bei Nacht ▷

nesburg entfernt. *Wernher Beit*, *Hermann Eckstein* und *Barney Barnato* – diese und andere heute legendäre Namen symbolisierten die neue Finanzmacht der Uitlander im Reich der Buren, die schon bald in **Konflikt** mit der politischen Macht in Pretoria geraten sollte. Diese versuchte durch eine kleinkarierte Genehmigungspolitik den Einfluss des großen Geldes zu begrenzen, gleich ob es sich um die Vergabe von Claims, die Einrichtung sanitärer Anlagen, die Abgabe von Dynamit oder die Frage des Wahlrechts handelte. Erst die Niederlage der Buren im Anglo-Buren-Krieg 1902 löste diesen Konflikt, und es begann Johannesburgs Aufstieg zur Industrie- und Finanzmetropole des Landes.

Goldbarren bei der Feinwaage: Südafrika ist der weltweit wichtigste Goldproduzent

Besichtigung Als Ausgangspunkt für eine Tour durch die Stadt eignet sich bestens das im Zentrum gelegene Shopping-Paradies **Carlton Centre** ❶ (152 Commissioner Street). Mit seinen 220 m ist der 1973 erbaute Wolkenkratzer nach wie vor das höchste Gebäude Afrikas. In seiner 50. Etage befindet sich der Aussichtspunkt **Top of Africa** (Tel. 011/308 13 31, tgl. 9–17 Uhr), von dem aus man einen sehr guten Blick über Johannesburg hat. Man erreicht diesen Gipfel Afrikas bequem per Lift und kann sich die Aussicht mit einem Essen im Restaurant *Marung* [s. S. 121] veredeln.

Macht und Reichtum der Diamantenindustrie strahlt das von *Helmut Jahn* entworfene **Diamond Building** ❷ (1972) im Westen der City aus. Die Architektur des total spiegelverglasten Bauwerks erinnert an einen gespaltenen Diamanten.

Einige Blocks entfernt lockt der **Market Theatre Complex** ❸ (56 Margaret Mcingana Street, Tel. 011/832 16 41, www.markettheatre.co.za) mit gleich drei Theatern,

Jo'burg heute – ein Neuanfang?

Es geht aufwärts mit Johannesburg. Lange Zeit galt die Stadt als einer der gefährlichsten Orte der Welt. Sie weist auch heute noch eine hohe Kriminalität auf, die zu besonderer Vorsicht rät [s. S. 130], aber es gibt einige viel versprechende Tendenzen. So kehrt allmählich das Geschäftsleben und mit ihm auch die Sicherheit in die Innenstadt zurück.

Nordwestlich vom Zentrum hat sich **Melville** zu einem neuen In-Bezirk entwickelt. Mit seinen Restaurants, Bars und Cafés lockt es ein überwiegend junges Publikum, darunter viele Studenten von der nahe gelegenen Universität. Großer Beliebtheit erfreut sich hier z. B. das Café-Restaurant *Cool Runnings* [s. S. 121] mit jamaikanisch inspirierten Cocktails und Speisen.

Für viele positive Impulse sorgt auch die bevorstehende **Fußballweltmeisterschaft 2010**. Im Johannesburger **Soccer City-Stadium** (früher FNB-Stadium), das vollständig umgebaut und von ehemals 80 000 auf knapp 95 000 Plätze erweitert wird, wird das WM-Finale zu sehen sein. Das Stadion liegt im Südwesten der Stadt in der Nähe von Soweto und ist das größte Stadion Südafrikas. Auch das zweite Stadion Johannesburgs, das **Ellis Park Stadium**, wurde modernisiert. Es liegt in Doornfontein, im Osten der Stadt und ist als Austragungsort für eines der vier Viertelfinalspiele vorgesehen.

Derzeit im Bau ist auch die neue Schnellbahnlinie **Gautrain** (www.gautrain.co.za), benannt nach der Provinz Gauteng. Die 80 km lange Zugstrecke mit insgesamt 10 Stationen wird den OR Tambo International Airport, Johannesburg und Tshwane/Pretoria verbinden, auch wenn die gesamte Strecke wohl nicht bis zur WM fertiggestellt wird. Bei all dem bleibt zu hoffen, dass auch die ärmeren Teile der Bevölkerung z. B. durch neu entstehende Arbeitsplätze von dem Großereignis profitieren.

in denen politisches Theater, aber auch Musicals dargeboten werden. Der Kulturkomplex ist in den einstigen Markthallen untergebracht, die in den 1970er-Jahren vor dem Abriss bewahrt werden konnten. Nach dem Theaterbesuch bieten sich einige Bars und Restaurants wie das Gramadoelas [s. S. 121] zum Verweilen an.

Die Menschheitsgeschichte im südlichen Afrika von der Frühzeit bis heute thematisiert das im selben Komplex beheimatete **Museum Africa** 4 (121 Bree Street, Tel. 011/833 56 24, Di–So 9–17 Uhr). Die Dauerausstellung konzentriert sich auf Johannesburg und seine Rolle in der komplexen Geschichte Südafrikas. In anderen Abteilungen kann man sich über Felsmalereien der San, *Squatter Camps* (slumähnliche Siedlungen) und *Shebeens* (Bierkneipen der

Openair-Fundgrube im Zentrum Johannesburgs: Flohmarkt am Market Theatre Square

Schwarzen) informieren. Im 4. Stock präsentiert das *Bensusan Museum of Photography* eine Spezialsammlung, in der sich alles um Fotografie dreht. Hier findet man auch Schnappschüsse aus Johannesburgs Goldgräbertagen.

Auf dem Gelände der *University of the Witwatersrand* lohnt das **Wits Art Museum** 5 (Jorissen Street, Tel. 011/717 13 65, Besichtigung zzt. Mo–Fr nur auf Anfrage) einen Besuch. Es beherbergt eine wichtige Sammlung zeitgenössicher und historischer afrikanischer Kunst. Zu den über 9000 Werken zählen Schmuckstücke, Skulpturen, Gemälde, Fotografien und Kleidungsstücke. In der zum Museum gehörenden *Gertrude Posel Gallery* werden zudem experimentelle Wechselausstellungen gezeigt.

Auf dem Universitätsgelände befindet sich auch ein **Planetarium** 6 (Yale Road, Entrance 10, Tel. 011/717 13 92, www.planetarium.co.za, Shows Fr 20 Uhr), von dem aus man nach der *The Sky Tonight*-Show das Weltall von der südlichen Halbkugel aus betrachten kann.

Südafrikanische Kunst in der Johannesburg Art Gallery: Holzplastik ›The Crucifix‹ von Jackson Hlungwane

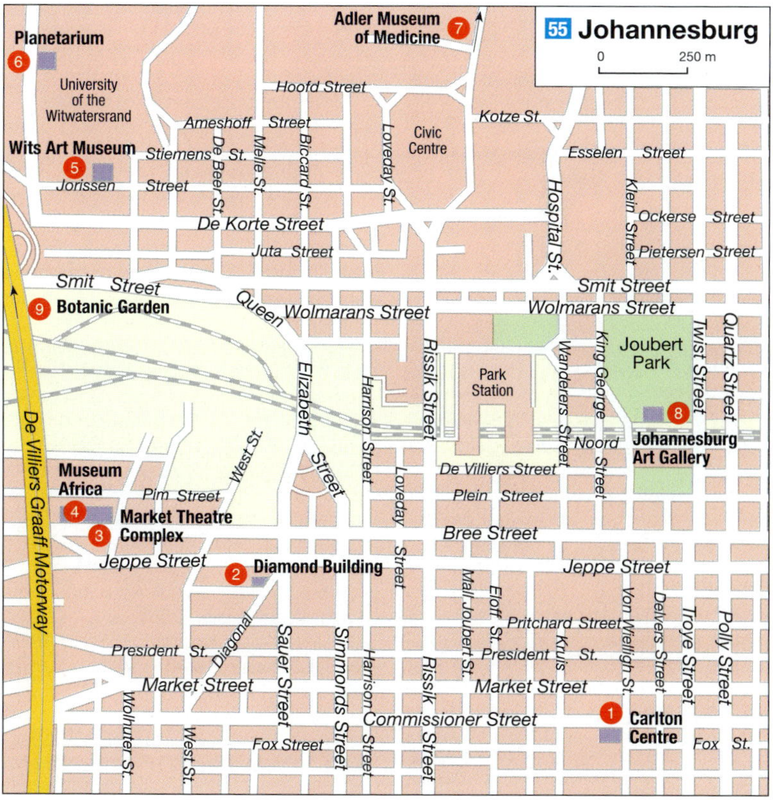

Jahrmarkt der Goldgräberzeit: im quirligen Erlebnismuseum Gold Reef City

Ein anderes themenorientiertes Museum ist das **Adler Museum of Medicine** 7 (7 York Road, Tel. 011/7172081, Mo–Fr 9.30–16 Uhr) im Stadtteil Hillbrow. Es gibt einen umfassenden Überblick über die Medizingeschichte aus dem Blickwinkel Südafrikas. Neben historischen Gerätschaften der westlichen Schulmedizin findet sich hier auch eine eindrucksvolle Kollektion traditioneller afrikanischer Naturheilmittel.

Die im *Joubert Park* angesiedelte **Johannesburg Art Gallery** 8 (Tel. 011/7253130, Di–So 10–17 Uhr) zeigt in einer umfangreichen Sammlung internationaler Malerei und Plastik u.a. Werke von Pablo Picasso, Vincent van Gogh, Henry Moore und Auguste Rodin.

Wer von Kultur und vom Shoppen, vom Stöbern und Staunen genug hat, findet in dem recht zentral gelegenen **Botanic Garden** 9 (Thomas Bowler Street, Tel. 011/782/7064, Mo–Fr 8–18 Uhr, Führungen nach Voranmeldung auch Sa/So) Gelegenheit zur Entspannung. Neben interessanten Gewürz-, Medizin- und Lehrgärten kann man hier einen der größten Rosengärten der Welt bewundern.

Ausflüge

Eine besondere Attraktion von Johannesburg liegt etwa 6 km südlich der City, abseits der Fernstraße N1 in Richtung Bloemfontein. TOP TIPP Womöglich trifft **Gold Reef City** (Tel. 011/2486800, www.goldreefcity.co.za, Di–So 9.30–17 Uhr) nicht jedermanns Geschmack, doch vermittelt der Mix aus *Disneyland* und *Freilichtmuseum* dem auswärtigen Besucher einen bleibenden Eindruck vom Leben in Johannesburg während des Goldbooms um die Wende vom 19. zum 20. Jh. Ein Casino, nachgebaute Pubs und Restaurants, eine Brauerei, eine Goldschmiede und eine Minenschachtanlage geben ebenso Einblicke in vergangene Tage wie die Vorführungen von *Stammestänzen*.

Einen Kontrast zum Themenpark bildet das nahe gelegene, eindrucksvolle **Apartheid Museum** (Northern Parkway und Gold Reef Road, Tel. 011/3094700, www.apartheidmuseum.org, Di–So 10–17 Uhr). Zunächst wird man per Eintrittskarte als *weiß* oder *nicht-weiß* identifiziert. Im Museum kann man sich dann in ein gepanzertes Transportfahrzeug der Polizei setzen und dort historisches Filmmaterial ansehen, das bei Streifenfahrten durch Townships aufgenommen wurde. Überwiegend audiovisuell, aber auch anhand historischer Exponate und Fotos wird dem Besucher dieses dunkle Kapitel der südafrikanischen Geschichte präsentiert. Vom Museumsdach hängen 121 Schlingen herab. Sie sollen an die 121 politischen Häftlinge erinnern, die während der Apartheid hingerichtet wurden.

Johannesburg ist auch Ausgangspunkt für Ausflüge in die Umgebung, die man aus Sicherheitsgründen nur im Rahmen von Touren unternehmen sollte (Infos: Tel. 011/3151534 , www.soweto.co.za). So lässt sich streiten über Sinn und Zweck einer Besichtigungstour in die Zwei-Millionen-Stadt **Soweto**. Ursprünglich wurden die Townships als zeitlich begrenzte Wohnquartiere für die Minenarbeiter eingerichtet. 1923 wurden sie durch das Gesetz *Natives Urban Areas Act* zum Ghetto für die schwarze Bevölkerung von Johannesburg. 1963 hat man die **So**uth **We**stern **To**wnships (darunter Diepkloof, Dube, Moroka, Orlando und Pimville) unter dem Namen Soweto zusammengefasst. Im Ortsteil Orlando lebte zeitweise auch Nelson Mandela. 1990 wurden die regulierenden Zuzugsbedingungen für Schwarze abgeschafft. Heute ist Soweto ein Stadtteil von Johannesburg.

Nahezu einzigartig auf der Welt ist die Möglichkeit, eine tätige Goldmine zu besuchen. Vermittelt wird die Besichtigung von der mächtigen **Chamber of Mines** (Tel. 011/498 71 00, www.bullion.org.za, Mo–Fr 8–16.30 Uhr). Diese ganztägige Exkursion ist zwar nicht eben billig, sie umfasst jedoch meist eine längere Bustour, die Fahrt unter Tage bis weit unter 1000 m, Erfrischungen sowie einen ausgiebigen Lunch im Casino der jeweiligen Minenleitung. Kinder sind bei diesen Besuchen nicht zugelassen.

Pferdeliebhaber zieht es zum **Lipizzaner Centre** (1 Dahlia Road, Tel. 011/702 21 03, www.lipizzaners.co.za, Shows So 10.30 Uhr) nahe der berühmten Formel-1-Rennstrecke von *Kyalami* nördlich Johannesburgs. Die aus dem slowenischen Lipica stammenden Rassepferde wurden 1948 von einem ungarischen Adligen hier eingeführt. Er brachte sie über Bayern und England nach Südafrika, wo sie von einem ehem. polnischen Kavallerieoffizier trainiert wurden. Ein besonderes Erlebnis sind die sonntäglichen Vorführungen mit den Lipizzanern.

Rund 30 km nordwestlich von Johannesburg unweit der Stadt Krugersdorp laden die **Sterkfontein Caves** (Tel. 014/577 90 00, www.maropeng.co.za, tgl. 9–16 Uhr) zu einer Expedition in die Zeit unserer entferntesten Vorfahren ein. Rund 2 Mio. Jahre alt sind die ältesten Knochenreste von Prähominiden, die

Floh- und andere Märkte

Johannesburg verfügt über eine Vielzahl an Märkten und Flohmärkten, die über das ganze Stadtgebiet verstreut sind. Im Osten, in Bruma, lädt die **Bruma Flea Market World** (Bruma Lake, Di–So 9.30–17 Uhr) zum Bummeln und Stöbern zwischen mehr als 600 Verkaufsständen ein, die alles bieten, was die südafrikanische Wirtschaft hervorbringt. Unterhaltsame Kleinkunstdarbietungen auf Bühne und Straße runden das Programm ab.

Im nördlichen Vorort Bryanston, heute zu Sandton gehörig, befindet sich der **Bryanston Organic Market** (Culross Road, Tel. 011/706 36 71, www.bryanstonorganicmarket.co.za, Do und Sa 9–15 Uhr, gelegentlich Mondscheinmarkt Di 17–21 Uhr), ein bunter Umschlagplatz vor allem für Bioprodukte. Live-Aufführungen klassischer Musik und Folklore-Shows bilden den Rahmen für den lebhaften Handel mit Kunsthandwerk, getrockneten Blumen und handgearbeitetem Schmuck.

Im südwestlichen Stadtteil Fordsburg präsentiert sich der indische Bevölkerungsteil Johannesburgs auf der **Oriental Plaza** (Tel. 011/838 67 52, www.orientalplaza-fordsburg.co.za, Mo–Fr 8–17, Sa 8.30–14.30 Uhr). Hier gibt es in asiatischer Atmosphäre vor allem Stoffe, Kleidung, Obst und die ganze Palette indischer Gewürzkostbarkeiten. Der Markt entstand übrigens, als die indische Gemeinde Johannesburgs aufgrund der Apartheidgesetze ihre alten Wohngebiete räumen und sich in Fordsburg neu ansiedeln musste.

Shopping-Eldorado am Bruma Lake – die Bruma Market World lässt kaum Wünsche offen

Im Südosten der Stadt liegt **Multiflora** (Tel. 011/613 40 11, www.multiflora.co.za, Mo–Fr 7.30–17, So 7.30–15.30 Uhr), der riesige Blumenmarkt Johannesburgs. Ob seltene Orchideen oder die traditionelle Protea: Hier blüht die südafrikanische Schnittblumenindustrie.

hier gefunden wurden. Zunächst erhält man bei einer Ausstellung anhand von Modellen archäologisches und geologisches Basiswissen. Anschließend wird man zu den Ausgrabungsstellen der steinzeitlichen Siedlungsreste hinabgeführt und kann dort sein Wissen anwenden. 1999 wurde das Höhlensystem zum UNESCO Weltkulturerbe erklärt.

Praktische Hinweise

Information

Johannesburg City Information, Tel. 011/375 55 55, www.joburg.org.za

Gauteng Tourism Authority, 1 Central Place, Henry Nxumalo Street/Jeppe Street, Newtown, Johannesburg, Tel. 011/639 16 00, www.gauteng.net

Johannesburg Tourism Company, 195 Jan Smuts Avenue, Parktown North, Johannesburg, Tel. 011/214 07 00, www.sowetotourism.com

Flughafen

O. R. Tambo International Airport (ORTIA), Tel. 011/921 62 62, Fluginfo: Tel. 086/727 78 88, www.acsa.co.za

Hotels

*****__InterContinental Sandton Towers__, Fifth Street/Maude Street, Sandton, Johannesburg, Tel. 011/780 55 55, www.southernsun.com. Modernes Luxushotel im Norden der Stadt.

*****__10 2nd Avenue,__ 10 2nd Avenue, Houghton Estate, Johannesburg, Tel. 011/853 24 00, www.houghtonestate.com. Herrliche Villa mit Tennisplatz und Pool mit Cocktailbar.

****__Sandton Lodge__, 66 6th Avenue, Inanda, Sandton, Tel. 011/788/41 69, www.sandtonlodge.co.za. Ruhig im Stadtteil Inanda gelegen, ein herrlicher Garten mit Pool sorgt für Entspannung.

**__City Lodge,__ Johannesburg International Airport, 4 Sandvale Road, Edenglen, Tel. 011/392 17 50, www.citylodge.co.za. Komfortable und freundliche Unterkunft in der Nähe des Flughafens.

La Bougain Villa, 6 Smits Road, Dunkeld West, Johannesburg, Tel. 011/447 34 04, www.labougainvilla.co.za. Hübsches Haus in einem gepflegten Vorort, mit Garten und Pool.

Restaurants

Cool Runnings, 27 A 4th Avenue, Melville, Johannesburg, Tel. 011/482 47 86. Beliebtes jamaikanisches Café-Restaurant mit Cocktails und einfachen, von der jamaikanischen Küche inspirierten Speisen. Man sitzt entspannt unter Strohdächern und lauscht den Reggaeklängen.

Gramadoelas, Bree Street/Margaret Mcingana Street, Newtown, Johannesburg, Tel. 011/838 69 60, www.gramadoelas.co.za. Vor allem kapmalaiische Spezialitäten in angenehmer Atmosphäre, mit afrikanischem Interieur, im Zentrum.

Le Canard, 163 Rivonia Road, Sandton, Johannesburg, Tel. 011/884 45 97, www.lecanard.co.za. Vielfältige französische Küche in eleganter Umgebung (So geschl.).

Leipoldt's, Morningside, Pavilion Centre, Ecke Rivonia/Kelvin Road, Johannesburg, Tel. 011/804 70 55. Beliebtes Buffet-Restaurant mit sorgfältig zubereiteten südafrikanischen Spezialitäten.

Marung, 152 Commissioner Street, Johannesburg, Tel. 011/331 14 38. Restaurant und Bar im 50. Stock des Carlton Centre mit einem breiten Angebot von Burgern und Grillgerichten über Pasta und Salate bis hin zu afrikanischen Spezialitäten.

Moyo at Zoo Lake, Zoo Lake Park, 1 Prince of Wales Drive, Parkview, Johannesburg, Tel. 011/646 00 58, www.moyo.co.za. Dieses Restaurant ist ein Ereignis, reiche Auswahl an internationalen Speisen. Hier kann man sein Gesicht bemalen lassen, das Trommeln erlernen und sich am traditionellen Gumboot Dance versuchen.

Soweto: größte für Schwarze eingerichtete Wohnstadt bei Johannesburg

Im Frühjahr blühen in Tshwane/Pretoria zigtausende Jacarandabäume

56 Tshwane/ Pretoria

Plan S. 123

Lebendige Kapitale.

Tshwane, so heißt seit 2005 das frühere Pretoria, ist die Hauptstadt Südafrikas. Heute leben hier rund 2 Mio. Menschen. Die Stadt zeichnet sich mit ihrem leicht tropischen Klima im Vergleich zu Johannesburg durch eine gelöste Atmosphäre aus. Im Frühlingsmonat Oktober erblüht Tshwane/Pretoria in der Farbenpracht unzähliger violetter Jacarandabäume, die der Metropole den Namen **Jacaranda City** eingetragen haben. Auch dank seiner herrlichen Alleen vermittelt Tshwane/Pretoria den Eindruck einer grünen Stadt, allerdings mangelt es im Zentrum an Parkanlagen.

Geschichte Tshwane (›Wir sind gleich‹) wurde die Stadt auch schon vor ihrer offiziellen Umbenennung 2005 von den sotho-sprechenden Schwarzen genannt, ihren früheren Namen Pretoria verdankte sie dem Präsidenten *Martinus W. Pretorius*, der damit seinen Vater Andries Pretorius ehren wollte. 1855 an den Ufern des Apies River gegründet, blickt die Stadt auf eine völlig andere Vergangenheit zurück als das nahe gelegene Johannesburg. War Jo'burg immer Minen- und Finanzmetropole, genoss Tshwane/Pretoria früh den Ruf eines Landwirtschaftszentrums, später dann auch den einer ›Stadt der Bürokraten‹.

Zwischen 1860 und 1902 war sie Regierungssitz der Zuid-Afrikaanschen Republiek, rechtwinklig und planmäßig mit breiten Straßen angelegt. 1910 wurde Pretoria Hauptstadt der neu gegründeten Südafrikanischen Union, 1961 wurde sie Kapitale der Republik. Am 10. Mai 1994 schließlich waren die hoch über der Stadt liegenden *Union Buildings* im Nordosten des Zentrums Schauplatz der Vereidigung Nelson Mandelas zum ersten schwarzen Präsidenten des Landes.

Tshwane/Pretoria ist heute Sitz mehrerer Hochschulen, darunter der University of South Africa, einer der größten Fernuniversitäten der Welt. Bereits zu Apartheidzeiten waren hier Tausende schwarzer Studenten aus dem ganzen südlichen Afrika eingeschrieben – auch Mandela erwarb hier einen akademischen Grad.

Besichtigung Ein guter Ausgangspunkt für die Erkundung der Innenstadt ist der **Church Square** ❶. Seit über 130 Jahren bildet dieser Platz den Mittelpunkt des alten, ›weißen‹ Pretoria, und ist gesäumt von mehreren repräsentativen Gebäuden wie dem *Ou Raadsaal* – ehemals Parlamentsgebäude –, dem *Palace of Justice* sowie der alten *Staatsbank* und der *Münze*. An der Westseite des Platzes befindet sich übrigens die *Hauptpost*. Dominiert wird der große Church Square von einer *Bronzeskulptur Paul Krügers*, die 1899 in Rom gegossen wurde. Das Denkmal ist eine Stiftung des aus Litauen stammen-

Von den Gärten der Union Buildings öffnet sich ein herrlicher Blick über Pretoria ▷

den Industriellen und Finanziers *Sammy Marks*, der sich damit gegenüber Krüger für die Erlaubnis zur Errichtung der ersten Synagoge Pretorias erkenntlich zeigte.

Den Church Square erschließt die von West nach Ost führende, 20 km lange **Church Street**. Sie ist eine der längsten Hauptstadtstraßen der Welt. Östlich des Platzes wurde sie in eine *Fußgängerzone* umgewandelt, was zu einer wohltuenden Belebung des Geschäftsviertels um den Church Square geführt hat. Westlich vom Platz erinnert das **Kruger House Museum** ❷ (60 Church Street, Tel. 012/326 9172, www.nfi.museum, Mo–Fr 8.30–16, Sa/So 9–16 Uhr) an die Jahre von 1884 bis 1901, als Paul Krüger hier residierte. Geschenke an den einstigen Präsidenten gehören ebenso zu den Exponaten wie das originale Interieur.

Freunde südafrikanischer Landschaftsmalerei kommen wenige Meter östlich des Church Square im **Pierneef Museum** ❸ (218 Vermeulen Street, Tel. 012/323 14 19, Mo–Fr 8.30–16 Uhr) auf ihre Kosten. Der niederländisch-südafrikanische Künstler *Jacob Hendrik Pierneef* (1886–1957) gilt als ein bedeutender Vertreter dieses Genres in seinem Land.

Weiter südlich zeigt das **Transvaal Museum of Natural History** ❹ (Paul Kruger Street zwischen Visagie Street und Minnaar Street, Tel. 012/322 76 32, www.nfi.museum, tgl. 8–16 Uhr) eine hervorragende naturkundliche Sammlung mit Fossilien, Modellen und großen Walskeletten, hinzu kommen interessante archäologische Funde. Das angrenzende **Geological**

Survey Museum 5 (Tel. 012/322 76 32, tgl. 8–16 Uhr) fasziniert durch seine Präsentation erlesener Edel- und Halbedelsteine.

Ein prächtiges Beispiel viktorianischer Architektur ist das **Melrose House Museum** 6 (275 Jacob Maré Street, Tel. 012/322 04 20, www.melrosehouse.co.za, Di–So 10–17 Uhr), das zum Nationaldenkmal erklärt wurde. Hier fand 1902 die Unterzeichnung des *Friedens von Vereeniging* statt, der den Anglo-Buren-Krieg beendete. Die eindrucksvolle Möblierung reflektiert das bürgerliche Ambiente der Epoche. Dem Museum gegenüber erstreckt sich der **Burgers Park** 7, eine willkommene grüne Lunge der Stadt mit wuchtigen alten Palmen.

Auf dem Weg zu den Union Buildings lohnt ein Abstecher zum **Sammy Marks Square** 8 (Tel. 012/323 99 29). In der für das moderne Südafrika so typischen Shopping Mall mit Boutiquen, Souvenirläden und Geschäften aller Art bieten sich gute Einkaufsmöglichkeiten.

Undenkbar wäre Tshwane/Pretoria ohne den anmutig wirkenden Komplex der **Union Buildings** 9, der sich als Regierungssitz über dem Stadtzentrum erhebt und trotz der Banken- und Versicherungstürme der City weithin sichtbar ist. Die aus hellem Sandstein errichteten Gebäude wurden 1913 vollendet und gelten als architektonische Meisterleistung ihres Schöpfers *Sir Herbert Baker*. Inspiriert von griechischen und römischen Tempeln, umschließt der lang gestreckte Komplex zwei *Türme*, die durch einen geschwungenen Säulengang miteinander verbunden sind. Angeblich sollen die beiden Türme das afrikaanse und britische Bevölkerungselement des Landes symbolisieren – für die schwarze Mehrheit stand damals offenbar noch kein Symbol zur Verfügung. Obwohl die Gebäude selbst für den Besucher nicht zugänglich sind, lohnt eine Fahrt hinauf zu ihnen allemal. Oberhalb terrassenartig angelegter *Gärten*, die sanft zur Stadt hin abfallen, genießt man einen einmaligen Blick über Pretoria.

Ebenfalls am Rand der City, im Arcadia Park, liegt das **Pretoria Art Museum** 10 (Schoeman Street/Wessels Street, Tel. 012/344 18 07, Di–So 10–17 Uhr, www.pretoriaartmuseum.co.za), das sich, neben einer Sammlung von Niederländern des 17. Jh. und internationaler Grafik, vor allem mit den Entwicklungen und Strömungen der südafrikanischen Kunst beschäftigt, und Arbeiten von Künstlern wie *Jacob Hendrik Pierneef* und *Irma Stern* zeigt.

Ein Stück weiter östlich im aufstrebenden Stadtteil Hatfield lädt das **Claude V Malan Museum** 11 (160 Lynwood Road, Tel. 012/362 06 54, Mo–Fr 9–17, Sa 9–13 Uhr) mit seiner kurios-ehrwürdigen Samm-

Viktorianisches Juwel in zierlichem Rosa: Melrose House in Tshwane/Pretoria

lung von Militaria, Schmuck, Porzellan und Büchern zum Stöbern ein. Ein Antiquitätengeschäft, ein Restaurant und eine Bar runden das Angebot ab.

Von ganz anderem architektonischen Zuschnitt als die Union Buildings – und übrigens von dort am Horizont deutlich auszumachen – ist das **Voortrekker Monument & Museum** 12 (Eeufees Road, Tel. 012/326 67 70, www.voortrekkermon.org.za, Mai–Aug. tgl. 8–17, Sept.–April tgl. 8–18 Uhr). Der massive, 41 m hohe Granitblock wurde von *Gerard Moerdijk* konzipiert. 1949 wurde das Voortrekker Monument aus Anlass der Gedächtnisfeiern für den Großen Trek der Buren im 19. Jh. eingeweiht. Über rund 160 Stufen gelangt man hinauf zur *Kuppel*, von der sich ein herrlicher Panoramablick eröffnet. Im Untergeschoss des Monuments befindet sich ein *Gedenkstein* aus poliertem Granit, der an die Entscheidungsschlacht der Buren gegen die Zulus am Blood River am 16. Dezember 1838 erinnert [s. S. 81]. Alljährlich an diesem Tag fallen die Sonnenstrahlen durch eine genau berechnete Spalte des düsteren Gemäuers exakt auf diesen Stein. Einst als staatliches Symbol weißer Vormacht über die Schwarzen gedacht, stellte das Voortrekker Monument für die Regierung Nelson Mandelas eine Peinlichkeit dar, der man sich durch die Privatisierung des Denkmalgeländes zu entledigen versuchte. Heute ist es ein Museum.

Unweit des Granitkolosses, im Süden der Stadt, bietet das **Fountain Valley Nature Reserve** 13 (Tel. 013/253 15 34, Reservierung: Tel. 011/396 23 91, www.fountainvalley.co.za, tgl. 7–19 Uhr) Gelegenheit zur Entspannung in schöner Natur. Für Unterhaltung sorgen ein Restaurant, ein Schwimmbad sowie ein Openairtheater.

Ausflüge

Von Tshwane/Pretoria aus lassen sich einige schöne Fahrten in die nähere und weitere Umgebung unternehmen. Etwa 50 km westlich der Stadt bietet die bergige **Magaliesberg Range** mit dem **Hartbeespoort Dam** (www.hartbeespoortdam.com) die Möglichkeit, sich an allen erdenklichen Wassersportarten auszuprobieren (ohne Bilharzia-Gefahr, s. S. 131).

Gut 40 km östlich von Pretoria liegt die **Premier Diamond Mine** (Tel. 012/305 29 11, Tourreservierung: Tel. 012/734 02 60, www.africa-adventure.org/c/cullinantours, Touren Mo–Fr 10 und 14.30, Sa/So 10 Uhr, Kinder erst ab 16 Jahren) von *Cullinan*. Zweistündige *Führungen* durch die oberirdischen Teile der Diamantenmine werden mehrmals täglich durchgeführt. Die auch heute noch tätige Mine hat einige der weltgrößten Diamanten freigegeben, etwa den 1905 entdeckten ›**Cullinan**‹ mit einem Gewicht von 3106 Karat und dem Umfang einer Orange. Im *Touristenzentrum* können Souvenirs und Schmuck erstanden, im früheren Clubhaus der Minenarbeiter freigelegte *Fresken*, gemalt von italienischen Kriegsgefangenen des Zweiten Weltkriegs, bewundert werden.

Ein Kleinod unter den Sehenswürdigkeiten im Großraum Tshwane/Pretoria ist das etwa 18 km östlich der Stadt im Busch des Highveld versteckte **Sammy Marks Museum** (Zwartkoppies Hall, Tel. 012/803 61 58, www.nfi.museum, Di–Fr 9–16, Sa/So 10–16 Uhr). Dieses Musterbeispiel vornehmer viktorianischer Architektur diente im späten 19. Jh. als Heim des Industriellen *Sammy Marks*. Dieser war bettelarm aus Litauen eingewandert, um später als erfolgreicher Unternehmer in der Kohle-, Stahl- und Schnapsindustrie ein Vermögen anzuhäufen. Politischen und finanziellen Einfluss besaß er insbesondere auf Präsident Paul Krüger. Der ›ungekrönte König von Transvaal‹ verfügte für den Fall seines Ablebens, dass kein Detail seines Anwesens Zwartkoppies Hall verändert werden dürfe – eine *Besichtigung* ist daher nur für kleine Gruppen im Rahmen von Führungen möglich. Bei Kuchen und Kaffee lassen sich anschließend von der Veranda aus die wunderschönen Rosenbeete im weitläufigen *Garten* bestaunen.

Nachdem er lange Zeit nur der Forschung vorbehalten war, ist der Krater von **Tswaing** (an der M 35, Tswaing Road, Old Soutpan Road, Tel. 012/790 23 02, www.nfi.museum, tgl. 8.30–16 Uhr), 40 km nördlich von Tshwane/Pretoria, öffentlich zugänglich. Vor rund 200 000 Jahren schlug hier ein gewaltiger glühender Meteorit ein. Im Laufe der Zeit entstand an dieser Stelle eine *Salzpfanne*. Tswaing gilt in Südafrika als Prototyp für alternativen Tourismus, der sich bemüht, mit Hilfe eines *Öko-Museums* auch umwelterzieherisch zu wirken und die Belange der ortsansässigen Bevölkerung zu respektieren. Außer der geologisch interessanten Kraterformation mit ihren Salzablagerungen bietet das Areal eine schöne Naturkulisse, in der 300 Vogelarten und viele Säugetiere leben.

Das weithin sichtbare Voortrekker Monument auf dem Monument Hill in Tshwane/Pretoria

i Praktische Hinweise

Information

Tshwane Tourism Information Centre, Old Nederlandse Bank Building, Church Square, Tshwane/Pretoria, Tel. 012/358 14 30, www.tshwane.gov.za, www.tshwanetourism.co.za

Hotels

***__Burgers Park Hotel__, Van der Walt Street/Minaar Street, Tshwane/Pretoria, Tel. 012/322 75 00, www.burgerspark.co.za. Modernes Luxushotel im Zentrum von Petoria.

***__Manhattan Hotel__, 247 Scheiding Street, Arcadia, Tshwane/Pretoria, Tel. 012/392 00 00, www.manhattanhotel.co.za. Modernes Haus, nah an Einkaufszentren und Sportanlagen gelegen.

***__Pretoria Hof__, Ecke van der Walt/Pretorius Street, Tshwane/Pretoria, Tel. 012/322 75 70. Zentral gelegenes Haus mit Tradition.

Rozenhof Guest House, 525 Alexander Street, Brooklyn, Tshwane/Pretoria, Tel. 012/460 80 75, www.rozenhof.co.za. Stilvolles Anwesen, das früher einem führenden Politiker gehörte. Französisch-hugenottische, kapholländische und englische Möbel schaffen ein schönes Ambiente. Mittag- und Abendessen auf Anfrage.

Restaurants

Baobab Café & Grill, Menlyn Park Shopping Centre, Atterbury Road/Lois Avenue, Tshwane/Pretoria, Tel. 012/368 10 03. Hübsches Restaurant mit toller Terrasse und südafrikanischer Küche.

La Madelaine, 122 Priory Road, Lynwood Ridge, Tshwane/Pretoria, Tel. 012/361 36 67, www.lamadeleine.co.za. Eines der besten französischen Restaurants im Lande.

Apartheid – von Macht und Menschentrennung

Apartheid, das afrikaanse Wort für *Getrenntheit*, bezeichnet das System der **Rassentrennung**, das von der südafrikanischen Regierung ab 1948 mittels zahlloser Gesetze installiert und bis in die späten 1980er-Jahre aufrechterhalten wurde. Der vollständige Abbau des Apartheid-Apparates zog sich noch bis 1994 hin.

Frühformen dieser Rassenpolitik praktizierten bereits die Briten in ihren Kolonien am **Kap** und in **Natal**, vor allem gegenüber Schwarzen und Indern. Seit Gründung der Südafrikanischen Union im Jahre 1910 herrschte dann landesweit Rassentrennung. Doch erst nachdem die *National Party* der Afrikaaner (*Buren*) im Jahre 1948 den Wahlsieg errungen hatte, wurde die Segregation systematisch ausgebaut. Ideologisch begründet wurde sie im *Calvinismus* (Prädestinationslehre: Gott hat vorbestimmt, welche Menschen oder Völker auserwählt sind und welche nicht). Die Rassentrennung war eine der Maßnahmen, mit der die bisher gegenüber den Briten benachteiligten Buren ihre politische und wirtschaftliche Macht stärken wollten. In schneller Folge wurden nun weitere drückende Gesetze erlassen, die den Rassismus ausweiteten und institutionalisierten.

Zwangsumsiedlungen stellten sicher, dass Weiße (*Whites*), Schwarze (*Blacks*), Farbige (*Coloureds*) und Inder (*Indians*) räumlich getrennt voneinander lebten. Mischehen waren verboten, sexuelle Beziehungen über Rassengrenzen hinweg galten als kriminelle Vergehen und wurden hart bestraft. Während man die Schwarzen, mit 70 % die größte Bevölkerungsgruppe, ihrer Staatsangehörigkeit und ihres Wahlrechts entkleidete, hatte die weiße Minderheit, damals etwa 20 % der Bevölkerung, die alleinige politische Macht inne und genoss weitreichende Privilegien.

In den 1960er-Jahren war es üblich, die **Petty Apartheid** von der Grand Apartheid zu unterscheiden. Die *Kleine Apartheid* betraf die strikte Trennung Weißer und Nicht-Weißer an öffentlichen Orten. Ob vor Restaurants oder Schulen, ob an Stränden oder auf Parkbänken, allenthalben standen Tafeln mit Geboten wie ›Whites Only‹ oder ›Blacks Only‹. Die **Grand Apartheid** wiederum zielte auf politische Trennung, auf die komplette Neugliederung Südafrikas dergestalt, dass ein großes weißes Siedlungsgebiet von zehn *Bantustans* ergänzt wurde, den **Homelands** für schwarze Stämme wie *Zulu, Xhosa, Tswana, Ndebele* usw. Von Regierungsseite wurde die Stammeszugehörigkeit jedes Einzelnen überprüft. Oft waren es Tausende, die durch Zwangsumsiedlung aus ihrer bisherigen Lebenswelt gerissen und in ›ihre‹ Homelands verschickt wurden. Hinter diesen Maßnahmen stand die große politische Idee, die Homelands eines Tages als unabhängige *Nationalstaaten* zu etablieren und vom weißen Südafrika loszulösen.

Derweil wurden in den weißen Siedlungsgebieten und Städten lediglich solche Nicht-Weiße geduldet, die eine offizielle Arbeitserlaubnis erlangt hatten. Hausangestellte wohnten meist auf dem Grundstück ihrer Arbeitgeber, aber alle anderen nicht-weißen Angestellten lebten in den **Townships** am Stadtrand. Jeder Arbeiter musste einen **Pass** bei sich tragen, mit einem gültigen Passierschein für den Distrikt, in dem er lebte und arbeitete. Wer außerhalb dieser Zone oder ohne gültige Papiere angetroffen wurde, dem drohten Gefängnis und Deportation ins Homeland. Der Arbeitgeber war für den Pass-Status seiner Angestellten mitverantwortlich und konnte gleichfalls juristisch belangt werden.

Über das ganze Land aber wachte die **Geheimpolizei** und verbreitete selbst unter den Weißen Angst und Schrecken. Geheimdienstler waren nicht nur damit befasst, die Systemtreue der Bevölkerung zu überprüfen und falls nötig zu erzwingen. Es galt auch der *Red Danger*, der Roten Gefahr, zu begegnen. Alles was kommunistisch war oder dafür gehalten wurde, musste unterdrückt werden. Unter die Zensur fielen nicht nur politische Aktivitäten oder verdächtige Reiseziele, sondern auch Bücher, Musik, Filme oder Kunst mit vermeintlich kommunistischer Botschaft.

Opposition gegen die Apartheid gab es von Anfang an, erste traurige Berühmtheit erlangte das **Sharpeville Massacre** von 1958, bei dem 69 Demonstranten durch Polizeikräfte zu Tode kamen. *Nelson Mandela* [s. S. 66], Anführer des ANC (African Nation Congress) und seit 1964 berühmtester politischer Häftling Südafrikas, personifizierte den Widerstand gegen die Apartheid in einzigartiger Weise,

Whites only – Nur für Weiße: solche Schilder gehörten zur Zeit der Apartheid zum Alltag

aber auch andere kämpften gegen die Unterdrückung, so Mandelas ANC-Kollege *Oliver Tambo* (1917–1993), *Desmond Tutu* (*1931), der erste schwarze Erzbischof von Kapstadt und Friedensnobelpreisträger von 1984, und *Stephen Biko* (1946–1977), Bürgerrechtler und Anführer des Ende der 1960er-Jahre initiierten **Black Consciousness Movement**. Die Studentenbewegung machte sich vor allem um die Erneuerung des schwarzen Selbstbewusstseins und die Rückbesinnung auf afrikanische Traditionen verdient. Jugendliches Engagement und Aufbegehren brachte aber auch viel Leid über Südafrika: Bei den Schüler- und Studentenunruhen von **Soweto** im Jahre 1976 aus Protest gegen die Einführung von Afrikaans als Unterrichtssprache kamen schätzungsweise 1000 Kinder und Jugendliche ums Leben. Stephen Biko selbst wurde 1977 festgenommen und in der Haft ermordet.

Inzwischen gab es auf der ganzen Welt einflussreiche Organisationen, die gegen das südafrikanische Regime aufbegehrten. Bei einer Anti-Apartheid-Konferenz in Schweden z. B. sprach der Premier des Landes, *Olof Palme*, 1976 klare Worte: »Apartheid kann nicht reformiert werden, sie muss abgeschafft werden.« Innen- und außenpolitischer Druck brachte die Apartheid mehr und mehr in Bedrängnis, doch es sollte bis in die späteren 1980er-Jahre dauern, bis sich die wichtigsten Handelspartner Südafrikas, die USA und England, zu umfassenden ökonomischen und kulturellen **Sanktionen** durchringen konnten. Das Ende der Apartheid wurde aber letztlich nicht von den Großmächten herbeigeführt, es bahnte sich im eigenen Lande an.

War Südafrika in den 1960er-Jahren noch eines der wirtschaftlich erfolgreichsten Länder der Welt gewesen, in den 1980er-Jahren zählte es zu den ärmsten. Das Regime hatte sich durch die Apartheid, die einen riesigen Verwaltungsapparat erforderte, selbst den Lebensatem abgeschnürt. Die Townships der Schwarzen wurden nun zu Zentren von politischen Boykotts und blutigen Vergeltungsmaßnahmen. Schon 1985 sah sich *Präsident Botha* gezwungen, den **Ausnahmezustand** über das Land zu verhängen, erst 1990 unter *Präsident de Klerk* wurde er wieder aufgehoben.

Kein Ereignis hatte mehr *Symbolkraft* für Südafrika als die Haftentlassung Nelson Mandelas am 11. Februar 1990, neun Tage nach de Klerks Amtsantritt. Das Ende des totalitären Regimes war ohne Staatstreich oder Bürgerkrieg vonstatten gegangen. Die Neuordnung des Landes und die Beseitigung der riesigen Apartheid-Maschinerie sollten allerdings noch Jahre dauern. Ein erster friedlicher Triumph für das neue Südafrika, welches Desmond Tutu nun stolz als **Rainbow Nation** titulierte, waren die ersten freien demokratischen Wahlen am 27. April 1994 und der Amtsantritt des neuen Präsidenten Nelson Mandelas am 10. Mai. Der 27. April ist heute ein landesweiter Feiertag mit Namen *Freedom Day*.

Südafrika aktuell A bis Z

Vor Reiseantritt

ADAC Info-Service:
Tel. 018 05/10 11 12, (0,14 €/Min.)

ADAC im Internet:
www.adac.de
www.adac.de/reisefuehrer

Südafrika im Internet:
www.southafrica.net
www.tourismcapetown.co.za
www.northerncape.org.za
www.ectourism.co.za
www.golimpopo.com
www.suncoast.co.za
www.kzn.org.za
www.mpumalanga.com
www.tourismnorthwest.co.za
www.gauteng.net

Staatlicher Südafrikanischer Tourismusverband South African Tourism
Tel. 069/929 12 90, Call Center 0800 118 91 18 (gebührenfrei), www.dein-suedafrika.de, info.de@southafrica.net

Allgemeine Informationen

Reisedokumente

Für einen Aufenthalt von bis zu 90 Tagen genügt der **Reisepass**, der mindestens noch 30 Tage über die geplante Aufenthaltsdauer hinaus gültig sein muss. Der deutsche Kinderausweis wird anerkannt, er muss jedoch mit einem Bild versehen und noch 30 Tage nach der Ausreise aus Südafrika gültig sein. Bei der Ankunft muss ein *Rückflugticket* vorgezeigt werden.

Kfz-Papiere

Nationaler und Interationaler Führerschein und Zulassungsbescheinigung Teil 1 (vormals Fahrzeugschein) sind mitzuführen. Die Mitnahme der Internationalen Grünen Versicherungskarte wird empfohlen. Für die vorübergehende zollfreie Einfuhr von Pkw, Motorrad oder Wohnmobil ist ein *Carnet de Passage* (beim ADAC erhältlich) nötig, da sonst die Einreise verweigert werden kann.

Krankenversicherung und Impfungen

Es empfiehlt sich dringend der Abschluss einer Auslandsreise- und Rückholversicherung mit uneingeschränkter Kostenübernahme. Über die aktuell empfohlenen und benötigten Impfungen sowie Malariaprophylaxe informieren Tropenmedizinische Institute und Tropenmediziner im Heimatland (www.dtg.org).

ADAC Mitgliedern stehen für Auskünfte auch die Ärzte des *Reisemedizinischen Informationsdienstes* des ADAC zur Verfügung, Tel. 089/76 76 77.

Zollbestimmungen

Alle Gegenstände des persönlichen Gebrauchs sind zollfrei. Bei der **Einreise** sind pro Person (ab 18 Jahren) 200 Zigaretten und 20 Zigarren und 250 g Tabak, 1 l Spirituosen, 2 l Wein, 50 ml Parfüm und 250 ml Eau de Toilette sowie Geschenke im Gesamtwert bis zu 3000 Rand (R) zollfrei.

Bei der **Ausreise** sind folgende Grenzen zu beachten: 200 Zigaretten oder 250 g Zigarillos oder 50 Zigarren oder 250 g Tabak, 20 g Parfüm, 1 l Spirituosen mit mehr als 22 % Alkohol bzw. 2 l mit weniger als 22 % Alkohol. Bei einem Warenwert von mehr als 250 R wird die entrichtete *Mehrwertsteuer* (VAT) gegen Vorlage der Quittungen beim VAT-Office am Flughafen zurückerstattet. Ebenfalls zu beachten ist die EU-weite Einfuhrgrenze für zollfreie Waren in Höhe von 430 € (für Personen unter 15 Jahren 175 €).

Geld

Die Währungseinheit Südafrikas ist der *Rand* (R), der in 1 R = 100 Cents (c) aufgeteilt ist. Im Umlauf sind alte und neue Münzen zu 1 c, 2 c, 5 c, 10 c, 20 c, 50 c, 1 R, 2 R und 5 R sowie Scheine zu 5 R, 10 R, 20 R, 50 R, 100 R und 200 R.

Die Mitnahme von **Reiseschecks** ist aus Sicherheitsgründen empfehlenswert. Die gängigen **Kreditkarten** werden fast überall akzeptiert. An den Geldautomaten in den meisten größeren Städten kann man mit Visa- bzw. Mastercard Bargeld abheben. Mit der Maestro/EC-Karte, stehen ca. 10 000 Geldautomaten zur Verfügung. *Achtung:* Tankstellen akzeptieren grundsätzlich nur Bargeld.

Tourismusämter im Land

South African Tourism Head Office, Bojanala House, 90 Protea Road, Chislehurston, Johannesburg 2196, Tel. 011/895 30 00, www.southafrica.net

Die Adressen der einzelnen Fremdenverkehrsämter sind im Haupttext unter den **Praktischen Hinweisen** verzeichnet.

Notrufnummern

Polizei, Ambulanz, Feuerwehr: Tel. 101 11

Unfallrettung: Tel. 101 77

AA Pannenhilfe (Automobile Association of South Africa): Tel. 083 843 22

ADAC-Notrufzentrale München: Tel. 00 49/89/22 22 22 (rund um die Uhr)

ADAC Ambulanzdienst München: Tel. 00 49/89/76 76 76 (rund um die Uhr)

ÖAMTC Schutzbrief Nothilfe: Tel. 00 43/(0)1/251 20 00

TCS Zentrale Hilfsstelle: Tel. 00 41/(0)2 24 17 22 20

Diplomatische Vertretungen

Deutschland

Botschaft der Republik Südafrika, Tiergartenstr. 18, 10785 Berlin, Tel. 030/22 07 30, www.suedafrika.org

Südafrikanisches Generalkonsulat, Sendlingertorplatz 5, 80336 München, Tel. 089/231 16 30, info@saconsulate.de

Österreich

Botschaft der Republik Südafrika, Sandgasse 33, 1190 Wien, Tel. 01/320 64 93, www.saembvie.at

Schweiz

Botschaft der Republik Südafrika, Alpenstr. 29, 3006 Bern, Tel. 031/350 13 13, www.southafrica.ch

Südafrika

Deutsche Botschaft, 180 Blackwood Street, Arcadia, Tshwane/Pretoria 0083, Tel. 012/427 89 00, www.pretoria.diplo.de

Deutsches Generalkonsulat, 19th Floor, Triangle House, 22 Riebeek Street, Cape Town 8000, Tel. 021/405 30 00, www.kapstadt.diplo.de

Österreichische Botschaft, Momentum Park Building, 1109 Duncan Street, Brooklyn, Tshwane/Pretoria 0181, Tel. 012/452 91 55, www.bmeia.gv.at

Österreichisches Generalkonsulat, 1 Thibault Square, 3rd Floor, Cape Town 8001, Tel. 021/421 14 40, www.bmeia.gv.at

Schweizer Botschaft, 225 Veale Street, Parc Nouveau, New Muckleneuk 0181, Tshwane/Pretoria, Tel. 012/452 06 60, www.eda.admin.ch/pretoria

Schweizer Generalkonsulat, 1 Thibault Square, 26th Floor, Cape Town 8001, Tel. 021/418 36 65, www.eda.admin.ch

Besondere Verkehrsbestimmungen

Besondere Vorsicht ist in ländlichen Regionen angebracht, wo Tiere auf die Fahrbahn laufen können.

Tempolimits (in km/h): in Ortschaften 60, auf Landstraßen 100 und auf Autobahnen 120. Einige Autobahnabschnitte sind mautpflichtig (*Toll Road*). Kinder unter 14 Jahren dürfen nicht auf dem Vordersitz Platz nehmen.

Die **Promillegrenze** liegt bei 0,5.

In Südafrika herrscht **Linksverkehr**. Fahrzeuge im Kreisverkehr haben immer Vorfahrt. Wenn die **Vorfahrt** (*give way*) nicht geregelt ist, gilt ›rechts vor links‹. An Kreuzungen findet man außerdem häufig ein Schild ›4-way stop‹: das bedeutet, dass alle ankommenden Fahrzeuge zunächst stehenbleiben müssen, dann fährt man in der Reihenfolge der Ankunft weiter.

Sicherheit

Südafrika verzeichnet eine hohe Kriminalitätsrate einschließlich hoher Gewaltkriminalität, vor allem in Großstädten. Das Auswärtige Amt (www.auswaertiges-amt.de)empfiehlt folgende **Vorsichtsmaßnahmen:** Die Innenstädte von Johannesburg, Tshwane/Pretoria, Durban und Kapstadt sollten nach Geschäftsschluss und an Sonntagen möglichst gemieden werden. Auch tagsüber wird zu erhöhter Vorsicht geraten. Sowohl Stadtbesichtigungen als auch Township-Besuche sollten in organisierter Form unter ortskundiger Führung stattfinden. Abgeraten wird vom Benutzen der Vorortzüge in Johannesburg, Pretoria, Durban und z.T. in Kapstadt (allenfalls 1. Klasse, nur zu Hauptverkehrszeiten). Bei Barabhebungen an Geldautomaten wird zur besonderen Vorsicht geraten.

Taxis sollte man möglichst bei zuverlässigen, bekannten Unternehmen reservieren. Rucksacktouristen sollten auf sichere Unterkünfte und sicheren Transport achten. Von Fahrten per Anhalter und mit Minibustaxis wird dringend abgeraten. Wegen der Gefahr von Fahrzeugentführungen und sog. ›smash-and-grab‹-Überfällen sollten im Auto die Fenster immer geschlossen und die Türen von innen verriegelt sein. Handtaschen, Fotoapparate usw. sollten nicht sichtbar im Auto liegen.

Es wird empfohlen, bei Fahrten in zentrale ländliche Teile der Provinz Kwazulu-Natal und durch die Transkei in der Provinz Eastern Cape möglichst Hauptverkehrsstraßen zu nutzen. In den übrigen Landesteilen sollten Überlandfahrten nach Einbruch der Dunkelheit nicht mehr unternommen werden, da evtl. Autopannen dann ein erhebliches Sicherheitsrisiko darstellen.

Es wird davon abgeraten, an Aussichtspunkten oder Rastplätzen Halt zu machen, wenn dort keine anderen Touristen in Sichtweite sind. Aus Sicherheitsgründen wird empfohlen, ein Mobiltelefon mitzubringen oder zu mieten (am Flughafen).

Gesundheit

Die Limpopo-Provinz, Mpumalanga und der Norden von KwaZulu-Natal sind **Malariagebiete**. Die Prophylaxe sollte vorab mit einem Tropenmediziner abgestimmt werden [s.S. 129]. In Malariagebieten sollte man Parfüm oder Aftershave vermeiden und sich bevorzugt langärmelig und in lange Hosen kleiden. Zusätzlichen Schutz bieten tagsüber auch Insektenschutzmittel. Tetanusprophylaxe ist ratsam.

In Bächen, Flüssen, Seen und Stauseen einiger nördlicher und östlicher Bereiche des Landes lebt der **Bilharzia-Parasit** (auch Schistosoma genannt), ein krankheitserregender Wurm, der durch die Haut dringt. Gewässer, die nicht als gefahrlos ausgewiesen sind, sollten daher unbedingt gemieden werden.
Südafrika hat eine der höchsten AIDS-Raten der Welt, entsprechende Vorsicht ist geboten.

Stromspannung

Die Stromspannung beträgt 220/230 Volt (in Tshwane/Pretoria 250 Volt). Passende dreipolige Zwischenstecker sind in ADAC Geschäftsstellen, im Fachhandel und am Flughafen erhältlich.

Zeit

Der Zeitunterschied beträgt zur MEZ plus 1 Stunde, während der Sommerzeit in Europa besteht Zeitgleichheit.

Anreise

Die meisten **Fluglinien**, die Südafrika anfliegen, bedienen den *O.R. Tambo International Airport (ORTIA)* in Johannesburg, und den *Cape Town International Airport (CPT)* in Kapstadt. Nonstoppflüge aus Deutschland und der Schweiz bieten South African Airways (SAA), Lufthansa, Air Berlin und Swiss Airlines. Die Flugzeit beträgt ca. 9–10 Stunden.

Preisgünstige **Umsteigeverbindungen**, bei denen meist längere Wartezeiten auf einem Transit-Airport in Kauf zu nehmen sind, bieten z.B. Air France, KLM, Austrian Airlines und British Airways.

Bei Weiterreise in die Nachbarstaaten sollte man sich vorab über die Öffnungszeiten der Grenzübergänge erkundigen.

Bank, Post, Telefon

Bank

Öffnungszeiten: Mo–Fr 9–15.30, Sa 9–11 Uhr. Die großen Banken tauschen Devisen und Reiseschecks – man benötigt dafür den Reisepass – und verfügen fast alle über Geldautomaten.

Post

Öffnungszeiten: Mo–Fr 8–16.30, Sa 8–12 Uhr. An den Schaltern sollte man sich auf eine gewisse Wartezeit einstellen.

Telefon

Internationale Vorwahlen
Südafrika 00 27
Lesotho 002 66
Swaziland 002 68
Deutschland 00 49
Österreich 00 43
Schweiz 00 41

Es folgt die Ortsvorwahl bzw. Teilnehmernummer ohne die Null. Bei Gesprächen innerhalb Südafrikas ist die Ortsvorwahl fester Bestandteil der Telefonnummer und muss **immer** (inkl. der 0) mitgewählt werden.

in die es nur solche Unterkünfte aufnimmt, die sich seinem Klassifizierungsschema unterwerfen. Die Kategorien reichen von einem bis zu fünf Sternen, was für ›Luxus pur‹ steht. Die Preise beziehen sich in der Regel auf eine Übernachtung pro Person. Auch **Selbstverpflegungsunterkünfte** und **Wildlife-Lodges** sind hier aufgeführt. Die Broschüre kann telefonisch bestellt werden.

Die *Portfolio Collection* empfiehlt Luxushotels, Guest Houses, Unterkünfte in Wildreservaten sowie Bed & Breakfast für das ganze Land. Die Broschüren können angefordert werden bei:

Portfolio Collection Head Office,
P.O. Box 132, Newlands, 7725, Cape Town,
South Africa, Tel. 021/686 54 00,
Reservierung Tel. 021/689 40 20, www.portfoliocollection.com

Rest Camps

Die Quartiere der Nationalparks liegen in Rest Camps. Sie zeichnen sich durch Sauberkeit und eine gewisse naturnahe Ursprünglichkeit aus. In den einzelnen Rest Camps werden verschiedene Unterkünfte mit unterschiedlicher Ausstattung angeboten, von einfachen, grasgedeckten Rundhütten (*Rondavels*) mit eigenen Duschen und WCs bis zu geräumigen Cottages mit mehr Luxus. In den meisten Camps sind Einkaufsmöglichkeiten vorhanden, größere Camps verfügen über ein Restaurant, wo man auch Wildspezialitäten genießen kann. In die Provinz *KwaZulu-Natal* müssen alle Lebensmittel mitgebracht werden, da hier die Camps überwiegend auf Selbstversorgung ausgerichtet sind. Infos:

South African National Parks,
P.O. Box 787, Tshwane/Pretoria 0001,
Tel. 012/428 91 11, www.sanparks.org

KwaZulu-Natal Conservation,
P.O. Box 13069, Cascades 3202,
Tel. 033/845 10 00, www.kznwildlife.com

Verkehrsmittel im Land

Bahn

Die Bahn fällt als Transportmittel für den Touristen weitgehend aus, weil das Streckennetz dünn ist und die Züge sehr langsam sind. Eine Ausnahme bildet der legendäre **Blue Train** (www.bluetrain.co.za). Mit seiner Luxusausstattung verkehrt er zwischen Tshwane/Pretoria und Kapstadt. Die 27 Stunden dauernde Reise ist jedoch nicht billig. Inzwischen fährt dieser Zug auch von Tshwane/Pretoria nach Durban. Ein weiterer Luxuszug ist **Rovos Rail** (www.rovos.co.za), der das südliche Afrika auf verschiedenen Routen von Kapstadt bis hinauf nach Daressalam in Tansania durchquert.

Bus

Neben dem Mietwagen bieten die **Überlandbusse** eine preiswerte und relativ komfortable Reisemöglichkeit. Diverse Busunternehmen wie *Greyhound* (www.greyhound.co.za) oder *Translux* (www.translux.co.za) fahren auf den Hauptstrecken der Republik zu recht günstigen Preisen, jedoch bleiben weite Landesteile vom Streckennetz unberücksichtigt.

Flugzeug

Große Distanzen werden am besten auf dem Luftweg bewältigt, wozu der Besucher auch durch die recht günstigen Flugpreise ermuntert wird. *South African Airlines* (www.flysaa.com) ist einer der Hauptanbieter für Inlandsflüge. Zur südafrikanischen Reisesaison (Dezember–Februar, Ostern) ist dringendst eine rechtzeitige Platzreservierung anzuraten.

Mietwagen

Hat man sich einmal an den Linksverkehr gewöhnt, ist dies die beste Art, Land und Leute, vor allem auch die entlegenen Regionen, kennenzulernen. Heutzutage sind alle international tätigen sowie diverse regionale **Verleihfirmen** im Land vertreten. Für Mitglieder bietet die *ADAC Autovermietung-GmbH* günstige Bedingungen, Buchung über ADAC Geschäftsstellen oder unter 018 05/31 31 81 (0,14 €/Min).

Für den Vertragsabschluss sind **erforderlich**: Kreditkarte, Reisepass, internationaler sowie nationaler Führerschein und Rückflugticket. Ausländer erhalten häufig so günstige **Sondertarife**, dass die Südafrikaner vor Neid erblassen. Im Übrigen gilt: Die Buchung eines Wagens von Europa aus ist fast immer billiger als vor Ort. Die Fahrt im Mietwagen in die Nachbarländer Südafrikas ist meist nicht gestattet.

Da das **Tanken** an Tankstellen ›vom Fahrersitz aus‹ erfolgt und absoluten Full-Service-Charakter besitzt, sollte hier nicht mit Trinkgeld gegeizt werden.

Sprachführer

Englisch für die Reise

Das Wichtigste in Kürze

Ja/Nein	*Yes/No*
Bitte/Danke	*Please/Thank you*
In Ordnung./Einverstanden.	*All right./Agreed.*
Entschuldigung!	*Excuse me!*
Wie bitte?	*Pardon?*
Ich verstehe Sie nicht.	*I don't understand you*
Ich spreche nur wenig Englisch.	*I only speak a little English.*
Können Sie mir bitte helfen?	*Can you help me, please?*
Das gefällt mir/ Das gefällt mir nicht.	*I like that/ I don't like that.*
Ich möchte ...	*I would like ...*
Haben Sie ...?	*Do you have ...?*
Gibt es ...?	*Is there ...?*
Wie viel kostet das?/ Wie teuer ist ...?	*How much is that?*
Kann ich mit Kreditkarte bezahlen?	*Can I pay by credit card?*
Wie viel Uhr ist es?	*What time is it?*
Guten Morgen!	*Good morning!*
Guten Tag!	*Good morning!/ Good afternoon!*
Guten Abend!	*Good evening!*
Gute Nacht!	*Good night!*
Hallo! Grüß Dich!	*Hello!/Hi!*
Wie ist Ihr Name, bitte?	*What's your name, please?*
Mein Name ist ...	*My name is ...*
Ich bin Deutsche(r).	*I am German.*
Ich bin aus Deutschland.	*I come form Germany.*
Wie geht es Ihnen?	*How are you?*
Auf Wiedersehen!	*Good bye!*
Tschüs!	*See you!*
gestern/heute/ morgen	*yesterday/today/ tomorrow*
am Vormittag/ am Nachmittag	*in the morning/ in the afternoon*
am Abend/ in der Nacht	*in the evening/ at night*
um 1 Uhr/ 2 Uhr ...	*at one o'clock/ at two o'clock ...*
um Viertel vor (nach) ...	*at a quarter to (past) ...*
um ... Uhr 30	*at ... thirty*
Minuten/Stunden	*minutes/hours*
Tage/Wochen	*days/weeks*
Monate/Jahre	*months/years*

Zahlen

0	*zero*	20	*twenty*
1	*one*	21	*twenty-one*
2	*two*	22	*twenty-two*
3	*three*	30	*thirty*
4	*four*	40	*forty*
5	*five*	50	*fifty*
6	*six*	60	*sixty*
7	*seven*	70	*seventy*
8	*eight*	80	*eighty*
9	*nine*	90	*ninety*
10	*ten*	100	*a (one) hundred*
11	*eleven*		
12	*twelve*	200	*two hundred*
13	*thirteen*	1000	*a (one) thousand*
14	*fourteen*		
15	*fifteen*	2000	*two thousand*
16	*sixteen*	10 000	*ten thousand*
17	*seventeen*	1000 000	*a million*
18	*eighteen*	½	*a (one) half*
19	*nineteen*	¼	*a (one) quarter*

Wochentage

Montag	*Monday*
Dienstag	*Tuesday*
Mittwoch	*Wednesday*
Donnerstag	*Thursday*
Freitag	*Friday*
Samstag	*Saturday*
Sonntag	*Sunday*

Monate

Januar	*January*
Februar	*February*
März	*March*
April	*April*
Mai	*May*
Juni	*June*
Juli	*July*
August	*August*
September	*September*
Oktober	*October*
November	*November*
Dezember	*December*

Maße

Kilometer	*kilometre*
Meter	*metre*
Zentimeter	*centimetre*
Kilogramm	*kilogramme*
Pfund	*pound*
Gramm	*gramme*
Liter	*litre*

Unterwegs

Nord/Süd/West/Ost	*north/south/west/east*
geöffnet/ geschlossen	*open/closed*
geradeaus/links/ rechts/zurück	*straight on/left/ right/back*
nah/weit	*near/far*
Wie weit ist es?	*How far is it?*
Wo sind die Toiletten?	*Where are the toilets?*
Wo ist die (der) nächste ... Telefonzelle/ Bank/Post/ Polizeistation/ Geldautomat?	*Where is the nearest ... telephone-box/ bank/post office/ police station/ automatic teller?*
Wo ist ... der Hauptbahnhof/ die U-Bahn/ die Bushaltestelle/ der Flughafen?	*Where is the ... main train station/ subway station/ bus stop/ airport, please?*
Wo finde ich ein(e, en)? Apotheke/ Bäckerei/ Kaufhaus/ Lebensmittelgeschäft/ Markt?	*Where can I find a ... pharmacy/ bakery/ department store/ food store/ market?*
Ist das der Weg/ die Straße nach ...?	*Is this the way/ the road to ...?*
Gibt es einen anderen Weg?	*Is there another way?*
Ich möchte mit ... dem (der) Zug/Schiff/ Fähre/Flugzeug nach ... fahren.	*I would like to go to ... by ... train/ship/ ferry/ airplane.*
Gilt dieser Preis für Hin- und Rückfahrt?	*Is this the round trip fare?*
Wie lange gilt das Ticket?	*How long will the ticket be valid?*
Wo ist ... das Tourismusbüro/ ein Reisebüro?	*Where is ... the tourist office/ a travel agency?*
Ich benötige eine Hotelunterkunft.	*I need hotel accommodation.*
Wo kann ich mein Gepäck lassen?	*Where can I leave my luggage?*

Zoll und Polizei

Ich habe etwas/ nichts zu verzollen.	*I have something/ nothing to declare.*
Ich habe nur persönliche Dinge.	*I have only personal belongings.*
Hier ist die Kaufbescheinigung.	*Here is the receipt.*
Hier ist mein(e) ... Geld/Pass/ Personalausweis/ Kfz-Schein/ Versicherungskarte.	*Here is my ... money/passport/ ID card/ certificate of registration/ car insurance card.*
Ich fahre nach ... und bleibe ... Tage/Wochen.	*I'm going to ... to stay there for ... days/weeks.*
Ich möchte eine Anzeige erstatten.	*I would like to report an incident.*
Man hat mein(e, en)... Geld/ Tasche/ Papiere/ Schlüssel/ Fotoapparat/ Koffer/ Fahrrad gestohlen.	*They stole my ... money/ bag/ papers/ keys/ camera/ suitcase/ bicycle.*
Verständigen Sie bitte das/die Deutsche Konsulat/ Botschaft.	*Please contact the German consulate/ embassy.*

Freizeit

Ich möchte ein ... Fahrrad/ Mountainbike/ Motorrad/ Surfbrett/ Boot mieten.	*I would like to rent a ... bicycle/ mountain bike/ motorcycle/ surf board/ boat.*
Gibt es ... einen Strand/ einen Freizeitpark/ ein Freibad/ einen Golfplatz/ eine Reitschule in der Nähe?	*Is there a ... beach/ theme park/ outdoor swimming pool/ golf course/ riding stable in the area?*
Wann hat ... geöffnet?	*What are the opening hours of ...?*

Bank, Post, Telefon

Ich möchte Geld wechseln.	*I would like to change money.*
Brauchen Sie meinen Ausweis/Pass?	*Do you need my ID card/passport?*
Wo soll ich unterschreiben?	*Where should I sign?*
Wie lautet die Vorwahl für ...?	*What is the area code for ...?*
Wo gibt es ... Telefonkarten/ Briefmarken?	*Where can I get ... phone cards/ stamps?*

Tankstelle

Wo ist die nächste Tankstelle?	*Where is the nearest petrol station?*
Ich möchte ... Liter ... Super/Diesel/ bleifrei.	*I would like ... litres of star/diesel/ unleaded.*

Volltanken, bitte.	*Fill it up, please.*
Bitte, prüfen Sie ...	*Please check the ...*
den Reifendruck/	*tire pressure/*
den Ölstand/	*oil level/*
den Wasserstand/	*water level/*
das Wasser für die Scheibenwischanlage/	*water in the windscreen wiper system/*
die Batterie.	*battery.*
Würden Sie bitte ...	*Would you please ...*
den Ölwechsel/	*change the oil/*
den Radwechsel vornehmen/	*change the tires/*
die Sicherung austauschen/	*change the fuse/*
die Zündkerzen erneuern/	*replace the spark plugs/*
die Zündung nachstellen?	*adjust the ignition?*

Mietwagen

Ich möchte ein Auto mieten.	*I would like to rent a car.*
Was kostet die Miete ...	*How much is the rent ...*
pro Tag/	*per day/*
pro Woche/	*per week/*
mit unbegrenzter km-Zahl/	*including unlimited kilometres/*
mit Kaskoversicherung/	*including comprehensive insurance/*
mit Kaution?	*with deposit?*
Wo kann ich den Wagen zurückgeben?	*Where can I return the car?*

Unfall

Hilfe!	*Help!*
Achtung!/Vorsicht!	*Attention!/Caution!*
Rufen Sie bitte schnell ...	*This is an emergency, please call ...*
einen Krankenwagen/	*an ambulance/*
die Polizei/	*the police/*
die Feuerwehr.	*the fire department.*
Es war (nicht) meine Schuld.	*It was (not) my fault.*
Geben Sie mir bitte Ihren Namen und Ihre Adresse.	*Please give me your name and address.*
Ich brauche die Angaben zu Ihrer Autoversicherung.	*I need the details of your car insurance.*

Panne

Ich habe eine Panne.	*My car's broken down.*
Der Motor startet nicht.	*The engine won't start.*
Ich habe die Schlüssel im Wagen gelassen.	*I left the keys in the car.*
Ich habe kein Benzin/ Diesel.	*I've run out of petrol/ diesel.*
Gibt es hier in der Nähe eine Werkstatt?	*Is there a garage nearby?*
Können Sie mir einen Abschleppwagen schicken?	*Could you send a tow truck?*
Können Sie den Wagen reparieren?	*Could you repair my car?*
Bis wann?	*By when?*

Krankheit

Können Sie mir einen guten Deutsch sprechenden Arzt/ Zahnarzt empfehlen?	*Can you recommend a good German-speaking doctor/ dentist?*
Wann hat er Sprechstunde?	*What are his office hours?*
Wo ist die nächste Apotheke?	*Where is the nearest pharmacy?*
Ich brauche ein Mittel gegen ...	*I need medication for ...*
Durchfall/	*diarrhea/*
Halsschmerzen/	*a sore throat/*
Fieber/	*fever/*
Insektenstiche/	*insect bites/*
Verstopfung/	*constipation/*
Zahnschmerzen.	*toothache.*

Hotel

Können Sie mir bitte ein Hotel/eine Pension empfehlen?	*Could you please recommend a hotel/ Bed & Breakfast?*
Ich habe bei Ihnen ein Zimmer reserviert.	*I booked a room with you.*
Haben Sie ein ...	*Have you got a ...*
Einzel-/Doppelzimmer ...	*single/double room ...*
mit Dusche/ Bad/WC?	*with shower/ bath/bathroom?*
für eine Nacht/	*for a night/*
für eine Woche?	*for a week?*
Was kostet das Zimmer	*How much is the room*
mit Frühstück/	*with breakfast/*
mit zwei Mahlzeiten?	*with two meals?*
Wie lange gibt es Frühstück?	*How long will breakfast be served?*
Ich möchte um ... geweckt werden.	*Please wake me up at ...*
Wie ist hier die Stromspannung?	*What is the power voltage here?*
Ich reise heute abend/ morgen früh ab.	*I will depart tonight/ tomorrow morning.*
Haben Sie ein Fax/	*Have you got fax/*

Internetzugang/ einen Hotelsafe?	*internet access/ a hotel safe?*
Kann ich mit Kreditkarte bezahlen?	*Can I pay by credit card?*

Restaurant

Wo gibt es ein gutes/ günstiges Restaurant?	*Where is a good/ inexpensive restaurant?*
Die Speisekarte/ Getränkekarte, bitte.	*The menu/ the wine list, please.*
Ich möchte nur eine Kleinigkeit essen.	*I only want a snack.*
Ich möchte das Tagesgericht/ Menü (zu…)	*I like the dish of the day (at ...).*
Welches Gericht können Sie besonders empfehlen?	*Which of the dishes can you recommend?*
Haben Sie typische Gerichte der Region?	*Do you have local dishes?*
Gibt es vegetarische Gerichte?	*Are there vegetarian dishes?*
Haben Sie offenen Wein?	*Do you serve wine by the glass?*
Welche alkoholfreien Getränke haben Sie?	*What kind of soft drinks do you have?*
Haben Sie Mineralwasser mit/ ohne Kohlensäure?	*Do you have sparkling water/ noncarbonated water?*
Das Steak bitte ... englisch/medium/ durchgebraten.	*The steak ... rare/medium/ well-done, please.*
Kann ich bitte ... ein Messer/ eine Gabel/ einen Löffel haben?	*May I have ... a knife/ a fork/ a spoon, please?*
Das Essen war sehr gut.	*The food was excellent.*
Die Rechnung, bitte.	*The bill, please.*

Essen und Trinken

Abendessen	*dinner*
Ananas	*pineapple*
Apfelkuchen	*apple pie*
Bier	*beer*
Birnen	*pears*
Bratkartoffeln	*fried potatoes*
Brot/Brötchen	*bread/rolls*
Butter	*butter*
Ei	*egg*
Eier mit Speck	*bacon and eggs*
Eiscreme	*ice-cream*
Erbsen	*peas*
Erdbeeren	*strawberries*
Essig	*vinegar*
Fisch	*fish*
Fleisch	*meat*
Fleischsoße	*gravy*
Frühstück	*breakfast*
Gebäck	*pastries*
Geflügel	*poultry*
Gemüse	*vegetable*
Gurke	*cucumber*
Hähnchen	*chicken*
Haferplätzchen	*oat cakes*
Hammelfleisch	*mutton*
Honig	*honey*
Hummer	*lobster*
Kaffee	*coffee*
Kalbfleisch	*veal*
Kartoffeln	*potatoes*
Kartoffelbrei	*mashed potatoes*
Käse	*cheese*
Kohl	*cabbage*
Kuchen	*cake*
Lachs	*salmon*
Lamm	*lamb*
Leber	*liver*
Maiskolben	*corn-on-the-cob*
Marmelade	*jam, jelly, marmalade,*
Mittagessen	*lunch*
Meeresfrüchte	*seafood*
Milch	*milk*
Mineralwasser	*mineral water*
Nieren	*kidneys*
Obst	*fruit*
Öl	*oil*
Pfannkuchen	*pancakes*
Pfeffer	*pepper*
Pfirsiche	*peaches*
Pilze	*mushrooms*
Pommes frites	*chips, french fries*
Reis	*rice*
Reh/Hirsch	*venison*
Rindfleisch	*beef*
Rühreier	*scrambled eggs*
Sahne	*cream*
Salat	*salad*
Salz	*salt*
Schinken	*ham*
Schlagsahne	*clotted cream*
Schweinefleisch	*pork*
Sekt	*sparkling wine*
Speck	*bacon*
Suppe	*soup*
Thunfisch	*tuna*
Truthahn	*turkey*
Vanillesoße	*custard*
Vorspeisen	*hors d'œuvres*
Wein	*wine*
Weißwein	*white wine*
Rotwein	*red wine*
Roséwein	*rosé wine*
Würstchen	*sausages*
Zucker	*sugar*
Zwiebeln	*onions*

Register

Impressum

Redaktionsleitung: Dr. Dagmar Walden
Lektorat, Bildredaktion: Astrid Rohmfeld
Aktualisierung: Julia Nippgen
Karten: Astrid Fischer-Leitl, München
Herstellung: Martina Baur
Druck, Bindung: Stürtz GmbH, Würzburg
Printed in Germany

Ansprechpartner für den Anzeigenverkauf:
Kommunalverlag GmbH & Co KG,
MediaCenterMünchen, Tel. 089/92 80 96-44

ISBN 978-3-89905-508-5
ISBN 978-3-89905-555-9 Reiseführer Plus

Neu bearbeitete Auflage 2010

Bildnachweis

Umschlag-Vorderseite: Bei den Ndebele ersetzen bunte Zeichen die Schrift. Foto: Erhard Pansegrau, Berlin
Umschlag-Vorderseite Reiseführer Plus: Trinkende Giraffe im Kruger National Park. Foto: Schapowalow, Hamburg (Robert Harding)

Titelseite
Oben: Kapstadt mit Tafelberg (Wh. von S. 18/19)
Mitte: Safari im Pilanesberg Game Reserve (laif, Köln, Geilert/GAFF)
Unten: Bergwelt der Drakensberge (Wh. von S. 70/71)

Archiv E & B, Berlin: 8/9 oben, 34/35 (Hendrik Holler) – Bavaria Bildagentur, Gauting: 35 oben, 125 (Picture Finders) –Bildagentur-online, Burgkunstadt: 74/75 – Bilderberg, Hamburg: 114/115 (O. de Pablo/J. Zurita) – dpa/Picture-Alliance, Frankfurt: 127 – F1 Online, Frankfurt: 39, 50/51 (Prisma), 122/123 (Imagebroker/RF) – Franz Marc Frei, München: 6, 7, 18/19, 20 unten, 25 oben, 36, 38, 43, 48 (3), 52 oben, 53, 56, 70, 77, 78, 91 Mitte, 96 (2), 100 unten, 101, 102 unten, 108, 116, 117, 118, 119, 121, 124, – Hartmuth Friedrichsmeier, Hamburg: 5 rechts, 6/7, 8/9 unten, 10, 16/17, 20 oben, 24, 30, 31 unten, 33, 40, 42, 44 oben, 84, 86 unten, 91 unten, 100 oben, 103 (Manfred Klindwort) – Albrecht Hagemann, Bielefeld: 52 unten, 67, 99, 120 – IFA Bilderteam, München: 10/11, 11 oben, 29 (Aberham), 54/55 (Ernie S.) – Internationale Filmfestspiele Berlin: 15 oben – Helga Lade, Frankfurt: 70/71 – laif, Köln: 23 (Gerald Haenel), 26 (Ruediger Nehmzow), 37 (Kralj/i-Afrika), 44 unten, 47, 59, 63, 64/65, 74, 81, 86 oben, 88, 91 oben, 98 (Emmler), 66 (Keystone France), 72 (Jonkmanns), 89 (Heeb), 112 – Look, München: 21 (Christian Heeb), 22 (Aldo Acquadro), 24/25, 31 oben, 46, 54 (Heeb), 60/61, (Michael Martin), 82/83 (Rolf Frei), 93 (Heeb), 102 oben, 111 – Mauritius, Mittenwald: 28 (Böhnke), 41, 68/69 (African Pictures) – Mount Nelson Hotel, Kapstadt: 27 – Schapowalow Bildagentur, Hamburg: 61, 107 (Robert Harding) – South African Tourism Board, Frankfurt: 115 – Dirk Schröder, Halfing: 3 (3. Bild von oben), 8, 11 unten, 32, 50, 58, 79, 83, 94/95, 95, 106/107, 113, 128 – Bildarchiv Steffens, Mainz: 87 (Walter Allgöwer) – Süddeutscher Verlag/Bilderdienst, München: 12, 13, 14, 15 unten – Sun International Hotels: 104/105, 105 – uShaka Marine World, Durban: 76